Gotthold Müller

Glaube und Wissenschaft

GOTTHOLD MÜLLER

Glaube und Wissenschaft

Gesprächsanstöße

für moderne Menschen

CALWER VERLAG STUTTGART

ISBN 3-7668-0405-7

Umschlag: Gerh. Kurt Hofmann
Satz und Druck: Buchdruckerei E. Leyh, Stuttgart

A

OSCAR CULLMANN

ce témoignage de considération et de reconnaissance,

à l'occasion de son 70e anniversaire

Inhaltsverzeichnis

Vorwort 9

I. Glaube — Bibel — Wissenschaft 11

1. Miteinander fragen, hören und reden 13
2. Wissenschaftliche Theologie oder Gemeindefrömmigkeit? Wider eine falsche Alternative 21
3. Warum und wozu Streit um die Bibel? 32

II. Neues Fragen nach den alten Fundamenten des Glaubens 43

1. Das »Rätsel« des Jesus von Nazareth 45
2. Der Glaube im Spannungsfeld des Zweifels 54
3. Die Predigt von Gericht und Gnade — ein endgültig »überholtes« Thema? 64

III. Der Glaube und einige große Fragen der Religion(en) 75

1. Was ist »Mystik«? Hat sie noch Zukunftschancen? 77
2. Sakrament und Sakramentales in den Weltreligionen und im christlichen Glauben 90
3. »Straft« Gott seine »Feinde« in alle Ewigkeit? 103

IV. *Der Glaube als Geschichte und Gegenwart* 125

1. Was war und wollte die »Aufklärung« des 18. Jahrhunderts? 127
2. Christlicher Glaube in einer sich wandelnden Welt 143
3. Von der mittelalterlich-kirchlichen Einheitskultur zum modernen weltanschaulichen Pluralismus 154

Verzeichnis der fremdsprachlichen Wörter und Begriffe 167

Erklärung der verwendeten Abkürzungen 172

Hinweise 173

Vorwort

Wie seine beiden Vorgänger, »Botschaft und Situation« und »Ursprung und Aufbruch«, ist auch »Glaube und Wissenschaft« aus dem konkreten Gespräch mit modernen Menschen entstanden, die sich — aus welchen Gründen auch immer — für Fragen des Glaubens und der Theologie interessieren, ohne die für eine sachliche Aussprache über diese Probleme unbedingt erforderliche Primär-Information zu besitzen.

Die Erfahrung eines vieljährigen Gesprächs mit theologisch nicht vorgebildeten Gemeindegliedern und Zeitgenossen, vor allem aber mit solchen, die in ländlichen Gebieten oder in (teilweise stark entkirchlichten) Großstädten wohnen, hat mehr und mehr gezeigt, daß theologische Informationen für sie nicht beim aktuellsten Stand der Dinge einsetzen können, solange das Informations-Defizit, das sich bisweilen über mehrere Jahrzehnte erstreckt, nicht einigermaßen behoben ist.

Aus dieser Einsicht heraus bemüht sich auch »Glaube und Wissenschaft« (und zwar sehr bewußt!) wenig um die neuesten Tagesaktualitäten, als daß es den behutsamen Versuch unternimmt, interessierte Mitmenschen da und dort an einzelne Fragestellungen heranzuführen und ihnen Anregungen zu eigenem Nachdenken und Weiterarbeiten (vor allem in Gesprächskreisen, Arbeitsgruppen, Seminaren und Schulklassen) an die Hand zu geben. Dieser Absicht sind auch die den einzelnen Kapiteln beigefügten »Weiterführenden Fragen und Anstöße« zu verdanken.

Möge auch dieses Buch (wie es seine beiden Vorgänger, von denen »Botschaft und Situation« bereits in die 4. Auflage geht) dazu beitragen, daß der kalte Krieg, der lange zwischen theologischer Wissenschaft und gewissen Kreisen unserer Gemeinden herrschte, einer sachbezogenen und entspannten Atmosphäre zu weichen beginne. Es geht auch in »Glaube und Wissenschaft« nicht primär um keimfreie dogmatische Richtigkeiten, sondern um An-Stöße für Menschen, die sich vom Wagnis des Zweifelns, Fragen und Denkens noch etwas Sinn-Gebendes und Hoffnungs-Volles erwarten.

Das Buch will ihnen allen Mut machen, selbständig weiterzufragen und im gemeinsamen Suchen und Forschen etwas von jener Freiheit zu erfahren, die das alte Evangelium auch heute und morgen denen zusagt, die sich vertrauens-voll jenem unvergleichlichen Wort anheimgeben, das uns die Bibel vom Ursprung des Glaubens her überliefert hat, und um dessen Aneignung sich jede neue Generation (und zwar in einem ebenso notwendigen wie gefahrenvollen und zugleich immer auch befreienden Wagnis) von neuem bemühen muß.

z. Zt. Chicago/USA, den 15. März 1972

I. Miteinander fragen, hören und reden

Es kann keinen Zweifel daran geben, daß uns heute im allgemeinen geistigen (und speziell auch im kirchlich-theologischen) Raum kaum etwas so sehr Not bereitet, wie das Festhalten an falschen Gegensätzen. Falsche Gegensätze verstellen uns den Blick auf jene Wirklichkeit, in der wir zu leben und uns zu bewähren haben. Sie werfen Gräben zwischen Menschen und Gruppen auf, wo man Brücken bauen müßte. Sie zerreißen Verbindungen, ohne die wir in die Isolation und — noch schlimmer — in eine beziehungslose Rechthaberei und Besserwisserei geraten.

Unsere Kirchen und Gemeinden sind in den letzten Jahrzehnten von manchen falschen Gegensätzen bedroht worden und in den Sog von Auseinandersetzungen geraten, die sie im Innern zu zerbrechen drohten. Ich brauche in diesem Zusammenhang nur auf die Problematik des Verhältnisses von »moderner Theologie und Gemeinde« oder die aktuelle Auseinandersetzung um die Frage »Kirche des Evangeliums oder Kirche der Revolution?« hinzuweisen.

Falsche Gegensätze baut man am wirkungsvollsten mit Hilfe von Schlagwörtern auf. Der Teufel sitzt zwar auch im Detail, aber er verbirgt sich nirgends raffinierter als im Schlagwort. Es ist sozusagen seine Tarnkappe, die es ihm ermöglicht, anwesend zu sein, ohne daß man ihn bemerkt und sieht.

Nehmen wir das Schlagwort von der »modernen Theologie«. Was ist damit gemeint? Alle heutige theologische Arbeit versucht zeitnah, also »modern« zu sein. Unsere Gemeinden verstehen unter »moderner Theologie« bisweilen jede Aussage, die von ihren angestammten Überzeugungen, Meinungen und Vorstellungen abweicht. Man schirmt sich daher mit Schlagwörtern nach außen hin ab und läßt jede Bereitschaft vermissen, in ein offenes und vertrauensvolles Gespräch mit den Vertretern der theologischen Arbeit zu treten. Ein solches Gespräch würde sofort bestimmte Tatsachen an den Tag fördern, die in unseren Gemeinden weithin unbekannt sind: Keine der noch vor 10 Jahren vorhandenen theologischen Schulen ist intakt geblieben. Sie haben sich vielmehr inzwischen alle so gut wie aufgelöst. Die Fragestellungen des allgemeinen geistigen Klimas sind total andere geworden. Die Studenten haben das vorrangige Interesse an historisch-kritischer Forschung und hermeneutischer Theologie weithin (oder ganz) verloren.

Unser Zeitalter ist einerseits in den Sog eines linksgedrallten »Realismus« (und bisweilen auch Utopismus) geraten, andererseits machen sich die lange zurückgedrängten Kräfte der Beharrung, ja auch der Reaktion erneut (und da und dort schon mit großer Vehemenz) bemerkbar.
Muß die Kirche nicht fürchten, zwischen diesen beiden Mühlsteinen eines Tages zerrieben zu werden? Oder in extrem voneinander verschiedene Gruppen auseinanderzubrechen, die sich gegenseitig nicht nur die Existenzberechtigung, sondern auch die Wahrhaftigkeit und das echte Ringen um den Menschen der Gegenwart absprechen? Hat nicht eine weltgeschichtliche Stunde geschlagen, in der ganz andere Dinge zu tun, ganz andere Lösungen vorzubereiten und völlig neue Wege zu gehen wären? Ist es vielleicht nicht so, daß wir heute im geistigen Raum immer noch mit jenem »Handwerkszeug« (sprich: Vorstellungen, Denkformen etc.) arbeiten, das um 1850 vielleicht brauchbar war, es heute aber auf keinen Fall mehr ist?
Wie wäre es, wenn unsere Generation — unter Umständen sogar, ohne daß wir das schon hinreichend registriert hätten! — in eine »Zeitenwende« hineingekommen wäre, in der Altes für immer vergeht und Neues aufgebaut sein will?
Wir meinen zwar, sehr schnell sagen zu können, was eine neue Zeit an Gefährdungen und Bedrohungen mit sich bringt. Aber wissen wir gleichzeitig auch, was sie an neuen Chancen eröffnet?
Für uns geht es heute primär darum, die Chancen der neuen Lage zu bejahen, sie zu ergreifen und dann nach Möglichkeit auch zu realisieren.
Wie soll das geschehen? Drohen dabei nicht neue und schwerwiegende Gefahren? Dürfen wir uns abermals von der sogenannten »Situation« das »Gesetz des Handelns« diktieren lassen und dabei (mit allen unseren guten Ab-Sichten!) in den Sog von Kräften und Mächten geraten, die uns von der Wahrnehmung und Erfüllung unserer eigentlichen Aufgabe, nämlich der viel-förmigen Proklamation des Evangeliums abhalten und uns zur »5. Kolonne« irgendeiner kurzlebigen und oberflächlich-verführerischen Weltanschauung oder Ideologie machen wollen?
An dieser Stelle wird ein Ur-Gesetz erkennbar, unter dem alle theologische und kirchliche Arbeit von jeher stand und auch in Zukunft stehen wird: sie darf einerseits niemals Sklave oder Diener von Zeitströmungen werden, zum unkritischen Sprachrohr von Ideen und Ideologien — und ist doch andererseits nur sinn- und belangvoll, wenn sie mit ihrer Botschaft nicht »außer« oder »über« einer Zeit steht, sondern

sich in jeder denkbaren Form jeweils in sie »in-karniert«, d. h. aber auch: auf die Gestalt dieser Zeit ein-geht, sozusagen ihr »Fleisch und Blut« annimmt, um im Vollsinne des Wortes in ihr gegenwärtig sein zu können. Wie das zu geschehen habe, das ist eine Frage, die sich niemals generell und im voraus beantworten läßt, da das wesentlichste Merkmal dieser Antwort die betreffende Situation selber ist, die sich in ihrem einmalig-kontingenten Charakter gerade nicht vorweg-nehmen läßt.

Dabei kann und darf es sich in keinem Fall um irgendeine Form von bequemer Angleichung an den heutigen oder morgigen »Zeitgeist« handeln. Es geht dabei weniger um die Frage, wie wir uns heute am besten unserer Situation angleichen, als um das Problem, welches Verhalten das Evangelium als Gottes Botschaft für unser Heute und unser Morgen in unserer geschichtlichen Stunde von uns fordert. Denn das Evangelium trifft uns nie abseits der geistigen Welt, in der wir zu leben haben. Es will uns immer inmitten dieser Welt erreichen. Es genügt also nicht, wenn wir immer nur danach fragen, was das Evangelium (angeblich) »an sich« sei, sondern wir müssen dieses Evangelium ebenso in unsere unmittelbare Situation herein-ziehen.

Wie sieht diese Situation aus? Wir leben in einer Welt, die nur weiter-existieren kann, wenn es — im weitesten Sinne des Wortes — Ko-Existenz in ihr gibt. Solange die Großmächte sich das Opfer dieser Ko-Existenz bewußt auferlegen, ist der äußere Friede gesichert. In jedem anderen Falle könnte unsere Kultur binnen kurzer Zeit dem Untergang geweiht sein. Auch im geistigen Leben gilt ein ähnliches Gesetz: wir haben einen — in der Praxis! — weltanschaulich neutralen, pluralistischen Staat. Da und dort mag das christliche Gedankengut samt seinen geschichtlich gewordenen Erscheinungen (Kirche und Religionsunterricht als Beispiel) noch eine gewisse öffentliche Förderung erfahren. Aber das geistig-religiöse Leben ist im Prinzipiellen dem Pluralismus der Meinungen und Überzeugungen freigegeben. Staatlich sanktionierte und verbürgte oder gar erzwungene Anschauungen im religiösen Bereich sind nur noch als Entgleisungen denkbar.

Wir erwarten, daß jeder seinen eigenen Überzeugungen ohne irgendwelche Beeinträchtigungen folgen darf. Wir lehnen es ab, die Wahrheitsfrage mit Machtmitteln auszutragen oder sie zu einer Funktion der staatlichen Zwangsaufsicht über alle Bürger zu machen. Dazu kommt ein weiterer Grund, der wesentliche tiefergreifende Konsequenzen zeitigt: unser Wahrheits-Begriff ist im ganzen ein völlig anderer geworden als der früherer Jahrhunderte. Wir wissen, daß es nirgends in dieser Welt eine sogenannte »absolute Sicht« oder Erfassung der

Wahrheit gibt, da alle menschliche Wahrheitserkenntnis grundsätzlich und in jedem Falle perspektivisch, d. h.: ein-seitig und un-vollständig ist. Wir sehen die Welt immer nur mit unseren Augen und sehen sie deswegen immer nur in jener Gestalt, in der sie sich *uns* zeigt. Das bedeutet: jedes Postulat einer angeblich »absoluten« Wahrheitsfindung ist von der Sache her unmöglich geworden. Dies gilt auch für den religiösen Bereich!

Ist damit nicht eine unerträgliche Relativierung proklamiert? Kann die Kirche, der doch alles auf die Verkündigung dessen ankommt, den das 4. Evangelium die Wahrheit nennt, eine solche Sicht teilen oder muß sie ihr nicht radikal widersprechen, wenn sie ihrer ureigensten Botschaft treu bleiben will?

Die Kirche entgeht ja unmöglich jenem Schicksal, das zu akzeptieren ihr offenbar so unendlich schwer fällt. Ihre Geschichte zeigt, wie sehr gerade sie zu allen Zeiten jenem »Perspektivismus« verfallen war, den sie nicht als ihr Schicksal anzunehmen bereit ist. Wann wäre nicht gerade die Kirche einseitig auf Perspektiven festgelegt gewesen, die ihr manchmal den Blick für das Ganze arg verstellten?

Wie aber kann es geschehen, daß wir einerseits diesen perspektivischen Charakter allen Menschseins und aller Erkenntnis vollauf bejahen, ihm aber andererseits nicht in negativer Weise verfallen? Daß wir einerseits die Botschaft festhalten und andererseits die Situation nicht ver-fehlen? Auf diese — für das Leben und Wirken der Kirchen so entscheidenden und darum auch unausweichlichen — Fragen können wir heute nur noch mit einem entschlossenen »Miteinander« reagieren. Dieses »Miteinander« ist nicht nur aus psychologischen Gründen wichtig. Es ist in erster Linie biblisch fundiert und beruht auf jener Wirklichkeit, die uns das Neue Testament als »Kirche« vor Augen stellt. Ein unverkennbares Merkmal aller neutestamentlichen Aussagen über die Kirche ist das »Mit- und Füreinander« aller ihrer Glieder. Falsche Gegensätze und Ideologien können sich nur da ausbreiten, wo man diesen Sachverhalt übersieht. So sehr das Neue Testament davon ausgeht, daß jeder von uns für sich selbst die Wahrheit suchen, ergreifen und ihr folgen muß, so wenig kennt es den isolierten, auf sich selbst, seine Privatmeinungen und egoistischen Ansichten pochenden einzelnen.

Wir formulieren daher nichts Neues, wenn wir sagen: *im Neuen Testament gibt es Teilnahme an der Wahrheit nur im Miteinander.* Man sucht gemeinsam (Apostelgeschichte 17,11), plant gemeinsam (6,1 ff.) und handelt gemeinsam. Und selbst dort, wo es zu heftigen Auseinandersetzungen kommt (vgl. Galater 2,11 ff.), geht es primär um die Sache Jesu Christi, nicht um persönliche Rechthaberei.

Wir kommen in der Kirche nur weiter, wenn wir es lernen, dieses »Miteinander« ganz neu zu üben. Um es konkret zu sagen: wenn wir einen jungen Theologen nicht schon deswegen ablehnen, weil er manche Ansichten vertritt, die wir bisher nicht kannten. Echtes Miteinander würde sich hier z. B. darin zeigen, daß wir ihn um ein Gespräch bitten und bereit sind, auf ihn zu hören und uns von ihm sagen zu lassen, warum, aus welchen Gründen er so oder so denkt und redet. *Wieviele Mißverständnisse ließen sich vermeiden, wenn man es wagen würde, miteinander zu sprechen!*

Das Miteinander in der Kirche muß aber auch dann oberstes Ziel bleiben, wenn unsere Meinungen auseinandergehen. Zu keiner Zeit — auch in der Urgemeinde nicht! — hat die Kirche davon gelebt, daß alle *einer* Meinung waren. Die Kirche kam vielmehr nur dann wirklich in Gefahr, wenn es Menschen in ihr gab, die nicht mehr aufeinander hören, sondern nur noch ihre eigene Meinung durchsetzen wollten.

In der Überschrift dieses Kapitels ist das »Fragen« bewußt dem Hören vorangestellt. Auch das scheint mir unsere gegenwärtige Lage sehr gut zu treffen. Die evangelischen Kirchen verstehen sich seit der Reformation als Kirchen des Wortes. Das heißt: als hörende Kirchen. Wir können uns auch in Zukunft nicht anders verstehen, sofern wir »evangelisch« bleiben wollen. Denn Evangelium bedeutet »frohe Botschaft«, die von außen zu uns kommt und uns sagt, was Gott für uns getan hat. Es wäre nun aber wieder eine falsche und gefährliche Alternative, wollten wir diese unbestreitbare Urvoraussetzung in eine Ideologie verwandeln und sagen: weil wir hörende Kirche sind, können wir nicht zugleich fragende Kirche sein!

Das Evangelium ist grundsätzlich für alle Menschen da, auch für solche, die voller Fragen sind und sich nicht scheuen, diese Fragen auch auszusprechen. Konservative Gemeindekreise neigen leicht dazu, Menschen zu beargwöhnen, die sich mit Fragen abquälen und nicht »einfach glauben«. Wenn die Kirche die Gemeinschaft derer ist, die selber jeden Tag nach Gottes Wort und Willen fragen, dann darf sie niemand das Fragen verbieten, sondern muß sich selber an diesem Fragen beteiligen. Die biblische Wahrheit kann man nur so »besitzen«, daß man sie täglich neu sucht, daß man auf dem Wege mit ihr bleibt und bereit ist, Neues zu sehen, zu erkennen und zu erfahren.

Diese Erkenntnis fordert Entscheidungen von uns, die den Stil unserer theologischen und kirchlichen Arbeit wesentlich modifizieren werden. Für immer sind jene Zeiten vorbei, in denen einzelne Theologen, Richtungen, Schulen oder Gruppen meinen konnten, sie allein seien im »Besitz« der Wahrheit. Biblische Wahrheiten sind von anderer Art als mathematische oder physikalische Richtigkeiten. Vor allem kann man sie nicht besitzen oder über sie verfügen. Wir können an der biblischen Wahrheit nur mehr oder weniger »partizipieren«, sie in jeder neuen Lage nur besser oder schlechter ergreifen und für unser Menschsein und für die Erfüllung unserer Aufgaben fruchtbar machen. Wir vermögen aber all dies nicht in der einsamen und kalten Selbstherrlichkeit eines »absolut richtigen Standpunktes«, sondern nur in der bedingungslosen Bereitschaft, miteinander zu fragen und aufeinander zu hören, unsere Perspektive der Wirklichkeit jederzeit den notwendigen Kontrollen zu unterwerfen und bereit zu sein, unseren Erkenntnishorizont ständig zu erweitern. Das Schicksal der Kirche der Zukunft wird wesentlich davon abhängen, wie weit sie in der Lage sein wird, die Existenz verschiedener Richtungen und Gruppen nicht nur tatenlos hinzunehmen, sondern sie vielmehr zu bejahen und zu fördern, um so auf dem Wege über die Fruchtbarmachung von Spannungen jene Lebendigkeit und Stoßkraft zu gewinnen, deren es bedürfen wird, um die Aufgaben von morgen und übermorgen mutig anzupacken und in einem partnerschaftlichen Bemühen auch zu lösen.

Wo man bedingungslos im gemeinsamen Suchen nach der Wahrheit miteinander fragt, dort wird es auch möglich, daß man über das Fragen hinaus zum Hören und zum Handeln kommt. Es gibt gewiß Menschen, die nur immerzu fragen, um ja nie hören und handeln zu müssen, die alles und jedes in Frage stellen, um jeder Verbindlichkeit aus dem Wege zu gehen. Die mit ihrem ewigen Fragen im Grund keine Antwort suchen, sondern nur eine »Rolle« spielen, in der sie sich interessant vorkommen. Solche Frager sind ichsüchtige Individualisten, die dem »Miteinander« bewußt aus dem Wege gehen.

Die Kirche leidet heute nicht daran, daß überall gefragt wird. Daß Menschen das Überkommene und Althergebrachte nicht mehr ohne weiteres übernehmen können und diese Schwierigkeit auch mutig zum Ausdruck bringen. Kaum etwas verbindet Menschen mehr, als gemeinsamer Aufbruch nach vorne, als die Erstrebung eines gemeinsamen Zieles. Aber zugleich ist kaum etwas schwieriger, als das gemeinsame Hören zu lernen und zu üben.

Nichts ist heute dringlicher, als daß wir dieses gemeinsame Hören üben. Daß wir es lernen, zuerst einmal aufeinander zu hören, den anderen — stehe er nun in der Gemeinde oder außerhalb — zu Wort kommen zu lassen, damit er seine Sache sagen, seine Bedenken und Zweifel, seine Fragen und Probleme aussprechen kann. Das wäre nur ein Anfang. Aber ein sehr erfolgversprechender und vor allem zielstrebiger Anfang. Wir werden zwar die Kirche niemals »machen«

können. Aber Kirche ist *nur* dort, wo wir es täglich lernen und üben, miteinander auf jenes große, unvergleichliche, befreiende und frohmachende Wort zu hören, das uns Gott in Jesus Christus gesagt hat und immer neu sagt. *Im Hören auf dieses Wort erfahren wir alles Entscheidende über unser Leben, unsere Welt, unsere Aufgaben.* Daß wir oft so hilflos im Tun sind, hat seinen tiefsten Grund nicht darin, daß wir nicht genug Aktivität entwickeln, sondern darin, daß wir jenes Hören nicht üben, aus dem allein das rechte Tun kommt.

Man wird sich — und mich — unausgesprochen fragen, wo unter diesen Vorzeichen denn jene Grenzen verlaufen, die die Kirche um ihrer Aufgabe willen markieren muß, um nicht zu einem unverbindlichen Debattierklub zu werden, in dem jeder alles sagen und vertreten kann. Die Kirche hat ohne jeden Zweifel ein Wächteramt, das sie dazu verpflichtet, klar zu formulieren, wozu sie da ist, was sie zu sagen hat.

Wo muß die Kirche Grenzen ziehen und ein klares »Nein!« sagen? Auf diese Frage gibt es eine klare Antwort: die unüberschreitbare Grenze der Kirche liegt dort, wo Menschen mit Ansprüchen und Forderungen auftreten, die jedes Miteinander unmöglich machen, wo Richtungen und Gruppen einen Absolutheitsanspruch erheben, der ein Miteinander ausschließt und jeden anderen Standpunkt als den eigenen verwirft. Die Grenzen der Kirche wurden noch nie von den Suchenden, Fragenden oder Irrenden festgelegt bzw. überschritten, sondern immer nur von denen, die in Selbstherrlichkeit und Selbstsicherheit das Miteinander zerstörten, das gemeinsame Fragen unterdrückten und sich über die Notwendigkeit des gemeinsamen Hörens hoch erhaben fühlten.

Die Kirche hat noch nie davon gelebt, daß wir Menschen alles richtig erkannten, daß unser Tun tadellos war und daß *wir* für das Evangelium zu bürgen hatten. Sie ist von Anfang an eine Kirche der Sünder, der Versuchten, der Fragenden und (sicher oft auch der) Irrenden gewesen — und wird es in alle Zukunft bleiben. Sie war Kirche nur dadurch, daß Menschen in ihr lebten, die Gott selber zum gemeinsamen Fragen und Hören gerufen und befähigt hatte.

Wenn wir inmitten all der vielen falschen Gegensätze unserer Zeit etwas ganz dringend brauchen, dann sind es nicht große Reformprogramme und utopische Schwärmereien, sondern nur die *eine* Bitte, daß Gott uns dazu helfen möge, daß wir miteinader nach seinem Wort und nach dem rechten Weg seiner Kirche in die Zukunft fragen und um dieser (über das Sein oder Nichtsein der Kirche entscheidenden) Frage und Aufgabe willen es mehr denn je lernen und üben, auf Ihn und darum auch aufeinander zu hören!

Weiterführende Fragen und Anstöße

> Was können wir dafür tun, daß aus dem Gegeneinander verschiedener Gruppen und Richtungen in der Kirche ein echtes (und aufbauendes) Miteinander wird? Machen Sie einige praktische Vorschläge!

> Warum wird in vielen Fällen *gemeinsames Fragen* für eine Gruppe oder Gemeinde wesentlich anregender und auch hilfreicher sein als *gemeinsames (immer schon) »Wissen«?*

> Was halten Sie für den wesenhaften Unterschied zwischen einem an die Bibel gebundenen *»Festbleiben«* in *»zentralen Glaubensfragen«* und einem *»sturen Beharren* auf *dem eigenen Stand-Punkt«?*

Weiterführende Literatur

H.-R. Müller-Schwefe (Hrsg.), Was ist Wahrheit? Hamburger theologische Ringvorlesung, 1965

H. D. Bastian, Theologie der Frage, 1969

2. Wissenschaftliche Theologie oder Gemeindefrömmigkeit?
Wider eine falsche Alternative

Zwei Zitate sollen uns ins Bewußtsein rufen, was sich in den letzten Jahren und Jahrzehnten im Blick auf das Verhältnis von wissenschaftlicher Theologie und Gemeindefrömmigkeit unter uns zugetragen hat und da und dort immer noch das Gespräch — wenn nicht beherrscht, so doch — beeinflußt:

1. Gerhard Bergmann schreibt in seinem (1963 erstmals erschienenen) »Alarm um die Bibel« Folgendes:

> »Angesichts des entschlossenen Willens der modernen Theologie, in weiteste Kreise der Gemeinde mit der Bibelkritik einzudringen, ist für die Gemeinde Jesu Alarmstufe 1 gegeben« (S. 8);

2. in der Antwortschrift von Willi Marxsen »Der Streit um die Bibel« (1965) finden sich folgende Sätze:

> »In dem genannten Heft von Bergmann wird gerade der von mir eben skizzierte Punkt [vorher hieß es: Was von manchem Professor aus der Bibel herausgelesen wird, scheint im direkten Widerspruch zu stehen zu dem, was ein Teil der Gemeinde aus der Bibel herausliest] entschlossen ins Auge gefaßt, die Spannung zwischen einer Richtung der sog. Universitäts-Theologie und der schlichten Gemeindefrömmigkeit. Dabei wird durchweg so argumentiert: Wir sind dankbar für alle Ergebnisse wissenschaftlicher Schriftforschung, die uns das Zeugnis der Schrift erhellen. Wenn aber die modernen Theologen durch ihre rationalen oder gar rationalistischen Methoden zu Ergebnissen kommen, die im Widerspruch stehen zum herkömmlichen Glauben der Gemeinde, dann sagen wir ein entschiedenes Nein.
>
> Überlegen wir einmal, was passiert, wenn sich diese Auffassung in unserer Kirche durchsetzen sollte. Nicht weniger als dies: Der evangelische Ansatz würde verlassen und der katholische Ansatz bejaht. Bei Streitfragen über die Auslegung entscheidet nun zwar nicht ein kirchliches Lehramt, denn das gibt es bei uns ja nicht. Aber es entscheidet — der Glaube der »Gemeinde Jesu«. Da Bergmann nun aber keineswegs die gesamte Gemeinde Jesu nach ihrem Glauben befragt hat, sondern nur bestimmte Kreise (und nur solche Kreise, die seine eigene Meinung vertreten) — wird hier nun in nur wenig anderer Weise als in Rom ein kirch-

liches Lehramt aufgerichtet, das über richtige und falsche Auslegung entscheiden soll« (S. 12 f.).

Auf der einen Seite wird »Alarmstufe Nr. 1« für die »Gemeinde Jesu« ausgerufen, also der höchste Notstand proklamiert, auf der anderen Seite warnt man im Blick auf dieselbe Sache energisch davor, innerhalb der evangelischen Kirchen ein Lehramt aufrichten zu wollen, das dem unfehlbaren römischen Lehramt gefährlich nahe käme.

Kann man die Situation, in der wir uns in der Kirche befinden, deutlicher markieren als durch diese scharfe und kompromißlose Alternative? Sie weist auf einen tiefen Riß hin, der — wenn auch längst nicht überall, so doch an vielen Stellen — wissenschaftliche Theologie und sogenannte »Gemeindefrömmigkeit« voneinander trennt. Dieser Riß droht vor allem den Pfarrer zu zerreißen, der einerseits von einer Ausbildung in der modernen wissenschaftlichen Theologie herkommt und andererseits in der Gemeinde arbeiten soll, in der er ständig mit dem zu tun hat, was wir die »traditionelle Gemeindefrömmigkeit« nennen.

Wie soll sich der Pfarrer in dieser Situation verhalten? Soll er es mit einer sogenannten »doppelten Buchführung« versuchen, die darin bestehen könnte, daß er seine wissenschaftlichen Erkenntnisse über die Bibel stillschweigend für sich behält und der Gemeinde nur das sagt, was sie ohnehin schon weiß und darum immer neu gerne hört, oder soll er sie dadurch vielleicht schockieren und »abstoßen«, daß er ihr vorbehaltslos etwa die Ergebnisse der historisch-kritischen Erforschung der urchristlichen Evangelien nahebringt und ihr dadurch den überlieferten und unreflektiert übernommenen sogenannten »naiven Glauben« zerstört?

Es leuchtet sofort ein, daß es sich bei dieser Alternative nicht um eine relativ harmlose akademische Streitfrage handelt, sondern um ein Problem, an dem — wenn wir es nicht zu lösen vermögen — eines Tages ganze Landeskirchen auseinanderbrechen könnten. Ich male damit nicht etwa in übertriebener Weise den Teufel an die Wand, sondern mache nur darauf aufmerksam, daß man an unseren kirchlichen Wänden bereits seit einiger Zeit überall diesen (und ähnliche) Teufel entdecken kann.

Was sollen wir in dieser Situation tun? Sollen wir untätig zusehen, wie es von Jahr zu Jahr zu einer immer größeren Polarisierung kommt, die eines Tages unabwendbar zu einer großen Auseinandersetzung und Spaltung führen müßte? Oder sollen wir etwas unternehmen, um eine solche unheilvolle Entwicklung zum Stehen zu bringen, nach ihren Ursachen und Gründen zu fragen und auf diesem Wege vielleicht eine Lösung zu finden, die uns helfen würde, die Alternative als solche für falsch zu erkennen und uns ihrer ebenso bestrickenden wie irreführenden Gewalt zu entziehen?

Warum sollen wir uns nicht auch in Theologie und Kirche gewisser hilfreicher Erkenntnisse der modernen Wissenschaften bedienen, die auf anderen Gebieten dazu geführt haben, daß man über frühere »falsche Alternativen« hinauskam und ganz neue und wirklich weiterführende Einsichten gewann?

So wissen wir aus der modernen Physik, daß es Sachverhalte gibt, die man nicht in logisch »einbahnige« Formeln fassen kann, sondern die sich nur in Form von »komplementären« Beschreibungen in den Griff bekommen lassen. Und wir wissen ebensogut, daß all unser menschliches Sehen und Erkennen — weil es mit menschlichen Augen, Ohren und sonstigen Sinnen geschieht — immer perspektivisch sein und bleiben wird, und es darum eine Anmaßung und zugleich eine arge Selbsttäuschung ist, wenn wir meinen, nur wir selber hätten die »Wahrheit« erkannt. Steht nicht hinter solchen Annahmen ein Wahrheitsverständnis, das zwar aus unserer griechisch überfremdeten christlich-abendländischen Tradition stammt, von dem wir aber spätestens seit Emil Brunner (»Wahrheit als Begegnung«, 1938) wissen sollten, daß es nicht das Wahrheitsverständnis der biblischen Botschaft ist? Während die klassische griechische Philosophie Wahrheit als etwas versteht, was man ein für allemal »aufdeckt« und darum dann auch für immer richtig erkennt (*alétheia* meint ja den unverdeckten Sach-Verhalt!), was man folgerichtig dann auch »besitzen« und worüber man jederzeit verfügen kann, kennt das Alte Testament »Wahrheit« (emét) nur als jene Relation, in der sich Gott mit seiner Treue positiv auf uns bezieht, um uns seine Gemeinschaft zu gewähren und uns damit in das Verhältnis der Treue zu sich zu berufen. Diese Treue ist aber kein Sachverhalt, den man ein für allemal erkennen, über den man souverän verfügen könnte, sondern sie bedarf des beständigen Aufeinanderzugehens beider Partner und gewinnt jeweils erst in dieser Begegnung ihren eigentlichen Sinn. Ich meine, daß ein solches Wahrheits-Verständnis sehr wohl dazu angetan wäre, uns über angestammte falsche Alternativen hinauszuführen, und zwar so, daß wir dabei keine faulen Kompromisse zu schließen brauchen, die an den entscheidenden Fragen vorbeiführen, statt sie einer guten Lösung näherzubringen.

Einige einführende Erwägungen sollen uns die Relevanz der Alternative »Wissenschaftliche Theologie *oder* Gemeindefrömmigkeit?« deutlich machen.

Das Christentum ist die einzige Religion, die — von Vorstufen im Judentum einmal abgesehen — eine regelrechte »Theologie« entwikkelte. Dies geschah aus sehr verschiedenen Gründen: einmal mußte Paulus — selber der einzige (wenn man so sagen darf) »Volltheologe« des Neuen Testaments! — das Verhältnis von Altem und Neuem Testament theologisch aufarbeiten und in Worte fassen. Dann war es gegenüber der griechischen Geisteswelt unerläßlich, ihr das christliche Glaubensgut in reflektierter — das heißt geistig durchdachter — Form nahezubringen. Auch die Reformation des 16. Jahrhunderts kann sachgemäß nur als ein »theologischer Neuaufbruch« bewertet werden, so sehr dabei — gerade für Luther gilt das — auch stark subjektive Erfahrungsmomente eine Rolle gespielt haben mögen. Das protestantische »sola scriptura« ist ja nicht nur eine antithetische Behauptung, sondern es muß theologisch expliziert und verantwortet werden. Luther konnte sich gegen Rom und gegen die Schwärmer nicht mit Gefühlsargumenten abgrenzen, sondern nur mit klaren theologischen Gründen. Sein Protest gegen die römische Kirche im ganzen und gegen viele ihrer Praktiken hatte nicht nur persönlich-emotionale, sondern primär biblisch-theologische Gründe. Wir wissen, daß Luther vom Zentrum seiner Theologie her auch nicht davor zurückschreckte, innerhalb der Bibel selber »Höhen und Tiefen« zu unterscheiden und nach dem zentralen Inhalt dieses Buches zu fragen. Er verstand die Bibel keineswegs als eine Urkunde, in der alle Buchstaben gleich »heilig und unantastbar« seien, sondern fragte nach dem, was in ihr »Christum treibe«. *Das* wollte er als recht eigentlich »apostolisch« gelten lassen.

Freilich, es ist sehr leicht, von heute aus den Bogen immer wieder zurück zur Reformation zu schlagen und sich mit ihr zu identifizieren. Aber man kann doch dabei unmöglich übersehen, daß die theologische Arbeit seit dem 16. Jahrhundert nicht einfach stehenblieb, sondern daß Wandlungen eingetreten sind, die uns einen unmittelbaren Zugang zu Luther und seiner Theologie relativ schwer machen. Es läßt sich nicht leugnen, daß die historisch-kritische Arbeit an der Bibel in den letzten 200 Jahren eine ihrer stärksten Wurzeln in dem durch Luther eingeleiteten neuen Bibelverständnis hat, das die Heilige Schrift als einen in der menschlichen Geschichte entstandenen Bericht von Gottes Handeln an seinem Volk und an der Welt begreift, einen Bericht, der eben darum, weil er innerhalb unserer Geschichte entstand, unter anderem auch Teil hat an den vielen Fraglichkeiten und Relativitäten dieser Geschichte, so daß es nicht illegitim, sondern höchst sachlich ist, *auch* nach diesen Relativitäten zu fragen und ihrer bewußt zu werden.

Für Luther selbst war es daher undenkbar, einen Graben zwischen theologischer Arbeit auf der einen Seite und dem Glauben der Gemeinde auf der anderen Seite zu ziehen. Denn seine Gemeinde entstand ja aus jener neuen Sicht, jenem neuen Verständnis der Bibel, die ihm bei seiner theologischen Arbeit zugewachsen war.

Diese organische Zusammenschau von wissenschaftlicher Arbeit an der Bibel und dem Glauben der Gemeinde ist leider dem Protestantismus in der Nachreformationszeit weithin wieder verlorengegangen.

In unseren Gemeinden wird nach wie vor manches »geglaubt« und für absolut »richtig« gehalten, das bei genauem Hinsehen dem Erkenntnisstand der Theologie des 16. oder 17. Jahrhunderts entspricht. Immer noch gibt es zum Beispiel genug Menschen (vor allem ältere), die die 5 Bücher Mose für von Mose geschrieben halten oder die 4 neutestamentlichen Evangelien auf 4 Jünger Jesu zurückführen; die nichts davon wissen, wie es um die Problematik der verschiedenen Auferstehungsberichte oder um die neutestamentlichen Aussagen über die »Jungfrauengeburt« steht. Sie haben in ihrer Jugend *eine* bestimmte Sicht der Dinge kennengelernt und sind bis heute unfähig, auch nur anfangsweise zu sehen, daß das keineswegs die einzig richtige, sachgemäße sein muß, ja sogar eine höchst unsachgemäße sein kann. Man denke dabei nur an das unausrottbare griechisch-philosophische Dogma von der »unsterblichen Seele«, das jeder schlichte Bibelleser anhand einer einfachen biblischen Wortkonkordanz als unbiblisch erweisen kann. Wenn die Reformation des 16. Jahrhunderts damit einsetzte, daß sie mit Hilfe der theologischen Arbeit dem Glauben der Gemeinde dienen wollte, dann gibt es für uns auch heute keine andere Möglichkeit, als diese beiden Größen wieder in positiver Weise aufeinander zu beziehen, deutlich zu machen, wie untrennbar ihre Zusammengehörigkeit ist und warum sie von Hause aus gar nicht gegeneinander stehen können. Wenn letzteres offensichtlich dennoch immer wieder geschieht, so bleibt keine andere Wahl, als nach den Gründen dafür zu suchen und an ihrer Beseitigung zu arbeiten.

Ich will den anspruchslosen Versuch wagen, im folgenden nach einigen dieser Gründe zu fragen, um wenigstens an der einen oder anderen Stelle über falsche Alternativen hinauszuweisen und an einem echten Miteinander zu arbeiten. Wir sollten uns darüber klar werden, was wir (und zwar in beiden großen christlichen Kirchen!) der theologischen Arbeit durch die Jahrhunderte alles zu danken haben. Da trotz dieser unbestreitbaren Tatsache in unseren Gemeinden, besonders dort, wo sie mehr oder minder »konservativ« sind, immer wieder leise oder auch bisweilen sehr lautstarke Bedenken gegen die wissenschaftliche Theologie vorgebracht werden, möchte ich den Versuch wagen, diesen Bedenken einmal etwas nachzugehen, um an ihnen deutlich zu machen, worauf manche Christen ihre »Sorge« um die Theologie oder gar ihren offenen Argwohn gegen sie gründen:

1. alle theologische Arbeit muß wesensnotwendig in einer gewissen Distanz zur Kirche geschehen. Eine wissenschaftliche Theologie, die lediglich dazu da wäre, das von der Kirche Gewollte und Geforderte zu belegen und zu bestätigen, könnte keine wissenschaftliche Theologie mehr sein;

2. dieser — positiv zu bewertende — Abstand der Theologie von der Kirche kann aber für die Theologie zur Gefahr werden, wenn sie sich mehr und mehr von der Kirche isoliert, um unkritisch irgendeinem Wissenschaftsideal oder einer Zeitströmung zu huldigen und ihre wesenhafte Beziehung zur Kirche zu vernachlässigen oder gar zu vergessen;

3. alle theologische Arbeit vollzieht sich als wissenschaftliche Arbeit mit Hilfe wissenschaftlicher Erkenntnisse und Methoden. Daher ist es unerläßlich, daß etwa die Exegese nicht aus falscher Rücksicht auf die angebliche »Heiligkeit« biblischer Texte deren Knechtsgestalt übersieht und so tut, als sei die Bibel vom Himmel gefallen, während wir doch genau wissen, daß sie in einer sehr langen und problemreichen Geschichte entstand;

4. die Notwendigkeit des Arbeitens mit wissenschaftlichen Erkenntnissen und Maßstäben hat die Theologie je und je verführt, die biblischen Texte lediglich als »religiöse Urkunden« zu betrachten und dabei die Tatsache zu übersehen, daß eine unlösbare Verbindung zwischen der Bibel und der Kirche — auch in ihrer gegenwärtigen Gestalt — besteht;

5. es gehört zu den positiven und im Wesen des Wortes Gottes liegenden Aufgaben der Theologie, dafür Sorge zu tragen, daß das alte Bibelwort in die gegenwärtige Situation hinein aktualisiert werde. Das kann aber nicht anders geschehen als *so*, daß man jeweils neu fragt, wie diese Situation entstanden und beschaffen sei und welche Antwort des christlichen Glaubens in diese Situation hinein ergehen müsse. Die Theologie hat daher immer auch danach zu fragen, welches der allgemeine und spezielle geistige Horizont einer Zeit sei und wie man ihm vom biblischen Zeugnis her zu begegnen habe;

6. aus der Wahrnehmung dieser unerläßlichen und legitimen Aufgabe der Theologie entstanden und entstehen immer wieder kleinere oder größere Gefahren für die Theologie selber: sie wird bestimmten Zeitstimmungen und -strömungen in einem solchen Maße hörig, daß sie dadurch ihr eigenes Wort fast oder ganz vergißt. Sie kann dabei zur

Vertreterin des weltanschaulichen Kulturprotestantismus, zum Apostel des Existentialismus oder zum bärtigen Propheten der Revolution werden. Mit anderen Worten: gerade dadurch, daß die Theologie einerseits hart an der Wirklichkeit der Bibel zu bleiben und andererseits nach dem Wesen ihrer je eigenen Zeit zu fragen hat, kann sie eine ihrer beiden Aufgaben vernachlässigen und entweder zur stumpfen Orthodoxie oder zur religiösen Verbrämung des gerade Bestehenden und in Mode Befindlichen werden.

Wer meint, er solle diese Risiken unter allen Umständen vermeiden, muß dafür sorgen, daß in Zukunft nicht mehr Menschen, sondern nur noch Engel (oder besser: Erzengel) Theologie treiben! Die iustificatio impii (Gerechtmachung des Gottlosen) gilt — so meine ich — nicht nur für moralische oder religiöse Sünden, sondern auch für theologische. Den Gefahren, die der wissenschaftlichen Theologie im Vollzug ihrer Arbeit drohen, entsprechen nun aber ähnliche Gefahren auf seiten der Gemeinden. Ich will versuchen, sie — um der besseren Verständlichkeit willen — ebenfalls in einem »Katalog« zusammenzufassen:

1. die sogenannte »Gemeindefrömmigkeit« ist alles andere als eine einheitliche, klar zu beschreibende Größe. Man kann sich unter ihr alle möglichen — und teils auch unmöglichen — Formen, Gestalten und auch Zerrgestalten des »Glaubens« vorstellen: sie reichen von Restbeständen des Heidentums über nicht überwundene unbiblisch-mittelalterliche Ansichten bis hin zu biblisch fundiertem Glauben. Sie umschließen die verschiedenartigsten Frömmigkeits-Typen: vom relativ unkirchlichen moralischen Biedermann bis hin zum eifrigen Vertreter der Verbalinspiration, der der Kirche längst nicht mehr aus innerer Überzeugung, sondern nur noch aus »überlegenem Mitleid« weiterhin die Treue hält;

2. angesichts dieser Tatbestände ist es lebensnotwendig und darum unerläßlich, daß die theologische Arbeit das Sein und Tun der Kirche und ihrer Glieder kritisch begleitet und ihnen immer neu die Frage vorlegt, ob sie sich mit dem, was sie tun oder für den »rechten« Glauben halten, auch auf dem richtigen Wege befinden oder sich korrigieren (lassen) müssen;

3. unsere Gemeinden wenden sich instinktiv gegen den Intellektualismus, der oft mit der Theologie verbunden ist, und weisen — mit Recht — darauf hin, daß »Glaube« doch alles andere sei als eine Summe von angelerntem Wissen, das man — pädagogisch mehr oder weniger geschickt — an Uneingeweihte weitergebe. Sie betonen, daß der Heilige Geist den Glauben schaffe, nicht menschliches Wissen. Mit solchen — an sich richtigen — Betonungen gelangt man, wenn man sie

einseitig artikuliert, zu einer völlig falschen Entgegensetzung von »Glauben und Wissen«, bei der das Wissen verpönt und als für den Dienst der Kirche untauglich, wenn nicht gar schädlich hingestellt wird;
4. die Aufgabe der Theologie an dieser Stelle bestünde darin, den Gemeinden deutlich zu machen, daß ihre Abneigung gegen Wissen und Wissenschaft sie selber am härtesten trifft. Denn wo kämen wir hin, wenn jeder nur seinen Eingebungen und Gefühlen folgen würde, und wir nicht auch das, was wir für »Glauben« halten, einer kritischen und wissensmäßigen Instanz ausliefern müßten? Wieviele pseudochristliche Gedanken und Praktiken würden sich ohne die kritische Begleitung durch die Theologie in den Gemeinden einschleichen und durchsetzen?
5. noch stärker als das Gespenst des Intellektualismus fürchten unsere Gemeinden das Gespenst des Kritizismus. Wer vom »Neo-Rationalismus« der »modernen Theologie« spricht, findet gerade in konservativen Kreisen hellwache Ohren. Unsere Gemeinden lesen in der Tat — sofern sie es überhaupt noch tun — die Bibel weithin »naiv«. Es fällt ihnen teilweise unendlich schwer zu verstehen, warum wir in der Exegese um bestimmte Verse oder Zusammenhänge soviel Aufhebens machen und nur noch Probleme sehen, statt »schlicht« auf den Text zu hören und ihn als Botschaft an uns heute zu verstehen;
6. demgegenüber gilt es den Gemeinden zu veranschaulichen, daß wir in keinem Falle um den »kritischen« Prozeß herumkommen, daß mit seinem Vollzuge nicht etwa die Bibel verfälscht wird, sondern wir uns damit gerade um ihre sachgemäße Erfassung bemühen. Das ist schon aus zwei Gründen unerläßlich: ein und dieselbe Bibel wird von verschiedenen Kirchen und Dominationen teilweise völlig gegensätzlich ausgelegt. Welche Auslegung ist die zutreffende? Und dann: wenn wir die Geschichte des Werdens und der Überlieferung der Bibel kennen, kommen wir gar nicht um die Verpflichtung herum, diesen Prozeß kritisch zu sichten und uns etwa zu fragen, was alles — auch an Änderungen und Umdeutungen — geschehen ist, als man den hebräischen Text des Alten Testamentes in die griechische Sprach- und Denkwelt übersetzte oder als die aramäisch gesprochenen Worte Jesu ins Griechische übertragen wurden.

Gerade die rechtverstandene »kritische« Arbeit an der Bibel kann nur dazu dienen, ein sogenanntes »naives« Verhältnis zur Bibel durch ein sachgemäßes zu ersetzen, das schwierige und vielschichtige Probleme nicht mit Hilfe von dogmatischen Parolen leugnet und in ihrer Bedeutung herunterspielt, sondern ihr Vorhandensein mutig akzeptiert und an ihrer Verständlich-Machung arbeitet.

Das Verhältnis zwischen wissenschaftlicher Theologie auf der einen und sogenannter »Gemeindefrömmigkeit« auf der anderen Seite scheint mir in einer bestimmten Hinsicht dem innerhalb einer Ehe zu gleichen: man weiß genau, daß man zusammengehört und aufeinander angewiesen ist. Gibt es Spannungen, so liegt es zunächst nahe, sie immer beim anderen zu suchen. Das heißt: die Gemeinden machen die wissenschaftliche Theologie für den Substanzschwund verantwortlich, den sie in ihren Reihen spüren. Und die Theologie beklagt sich darüber, daß die Gemeinden so rückständig, konservativ und unwillig zum Umlernen seien.

Wie kommen wir über diese — für beide Teile gleich unheilvolle — Spannung hinaus?

Bleiben wir bei unserem Bild von der Ehe: gewiß nicht dadurch, daß jeder auf seinem Standpunkt beharrt und es dem andern überläßt, sich zu ändern und zu bessern.

Ich halte es für wesentlich fruchtbarer und hilfreicher, wenn wir uns die Fehler, die wir auf beiden Seiten gemacht haben und immer noch machen, offen eingestehen und gemeinsam darangehen, fruchtlose Spannungen als solche zu sehen und an ihrer Überwindung zu arbeiten. Wie ich mir das konkret denke, das möchte ich in sieben Punkten zusammenfassen, die weniger ein fertiges und durchdachtes Programm von konkreten Einzelschritten enthalten, als die Richtung angeben wollen, in der wir uns zu bewegen müssen, wenn es über falsche Alternativen hinweg zu einer vertrauensvollen Zusammenarbeit kommen soll:

1. wissenschaftliche Theologie und Gemeindefrömmigkeit gehören innerhalb der evangelischen Kirche untrennbar zusammen, weil sie von dem *einen* Evangelium herkommen und beide auf ihre Weise im Dienste Jesu Christi stehen. Wo aus diesem wesenhaften Miteinander ein Gegeneinander wird oder geworden ist, müssen beide sich kritisch fragen und fragen lassen, was sie je für sich zu dieser Fehlentwicklung beigetragen haben.

2. Die Gemeinde darf sich durch die innertheologischen Auseinandersetzungen nicht zu dem Kurzschluß verleiten lassen, die Theologie sei ihr Feind oder verdunkle die Wahrheit, so daß man sie bekämpfen und ablehnen müsse. Eine evangelische Kirche und Gemeinde, die Gott nicht dankbar ist für all das, was er ihr seit Jahrhunderten durch die Arbeit der Theologie an Einsicht in die Heilige Schrift geschenkt hat, wird sich selber aufheben.

3. Auf der anderen Seite hat die Gemeinde das Recht, die Theologie danach zu fragen, wie sie ihre Arbeit verstehe und woraufhin sie sie treibe. Der angeblich »voraussetzungslose« und »reine« theologische

Wissenschaftler ist eine contradictio in adiecto. Christlicher Theologe kann man grundsätzlich nur als Christ, das heißt als Glied der Gemeinde Jesu Christi sein. In jedem anderen Fall ist man Religionswissenschaftler.

4. Sachliche Spannungen zwischen Theologie und Gemeinde müssen getragen und — wo dies möglich ist — auch ausgetragen werden. Dies kann nicht durch gegenseitige Diffamierung geschehen, sondern darf sich nur im hörbereiten Gespräch vollziehen. Gesprächskontakte solcher Art sind von beiden Seiten anzustreben und intensiv zu pflegen.

5. Die Gemeinden sollen die in der Not der gegenwärtigen Stunde liegende Verheißung ihres Herrn erkennen und die »Zeit« auskaufen, das heißt sich durch diese Not dazu anleiten lassen, die Informierung der Nicht-Theologen mit allen Mitteln zu fördern und verantwortliche Christen heranzubilden, die ein Höchstmaß an Sachkenntnis und von dorther begründetem theologischem Urteil besitzen.

6. Diese Erkenntnis muß sich besonders auch im Blick auf die Ausbildung des theologischen Nachwuchses und die laufende Fortbildung der im Amt stehenden Theologen nachhaltig auswirken. Eine theologische Ausbildung, die jungen Menschen, die später den Angefochtenen helfen sollen, die Auseinandersetzung mit dem theologischen Gespräch der Gegenwart erspart oder bewußt vorenthält, schadet den Gemeinden auf die Dauer mehr, als sie ihnen hilft.

7. Das einzig absolut sichere Mittel gegen Krankheit war von jeher die Gesundheit. Mit anderen Worten: Machen wir die Gemeinden durch gesunde biblische Lehre so stark und immun, daß sie gegen mögliche Irrlehren gefeit sind. Prüfen wir aber gleichzeitig ständig anhand der Schrift, ob diese »gesunde Lehre« auch wirklich die der Bibel ist und nicht nur eine angestammte Tradition, die wir (vielleicht sogar gegen bessere Einsichten) krampfhaft festhalten.

Wie für jedes zwischenmenschliche Gespräch, so ist auch für das zwischen wissenschaftlicher Theologie und christlicher Gemeinde das vertrauensvolle Aufeinanderzugehen wesentlich wichtiger als die Gemeinsamkeiten in Erkenntnis und Wissensstand. Sowohl der aus einem größeren fachlichen Wissen erwachsende Dünkel der Theologie wie ein aus frömmelnder Besserwisserei keimendes »Mitleid mit den ungläubigen Theologen an den Universitäten« fördern das Aufkommen und die Beibehaltung falscher Alternativen und verhindern ihren dringend notwendigen Abbau.

Unser Glaube entscheidet sich nicht nur daran, wie unsere Seele zu Gott und zu seinem Heil steht, sondern muß sich auch darin bewähren, daß wir es im Verhältnis zwischen Theologie und Gemeindefrömmigkeit mit allen Kräften vermeiden, Mauern aufzurichten und Gräben zu schaufeln, durch die notwendige Kontakte verhindert werden. Die Weltstunde, in der wir zu leben haben, ist viel zu ernst, als daß wir uns den Luxus leisten könnten, wissenschaftliche Theologie und Gemeindefrömmigkeit als zwei völlig heterogene und sich gegenseitig ausschließende Größen zu betrachten und uns entsprechend zu verhalten. Wir wären eine arme, irrende Kirche, hätten wir nicht die Theologie, die uns immer wieder zur Sache ruft und vom Zwang unseres gewohnten Denkens befreit. Und wir wären sehr schlecht daran in der Theologie, gäbe es keine Kirche, für die wir unsere Arbeit tun und mit der zusammen wir uns der Gnade Gottes anvertrauen könnten, die uns auch unsere theologischen »Sünden« vergibt.

Weiterführende Fragen und Anstöße

> Was könnte heute konkret und praktisch in unseren Gemeinden geschehen, um das in ihren Reihen oft noch vorhandene Mißtrauen gegen die »kritische« wissenschaftliche Theologie abzubauen?

> Erarbeiten Sie (gemeinsam mit anderen) kirchengeschichtliche Beispiele:

a) für Situationen, in denen die Theologie (auch im weiteren Sinne des Begriffs!) die Kirche vor drohenden Irrtümern warnte und/oder bewahrte;

b) für Situationen, in denen die Kirche Irrtümer und Fehlentwicklungen der Theologie korrigieren und »ausbügeln« mußte!

Weiterführende Literatur

H. Diem, Theologie in der Gemeinde, 1963

H.-C. Ratschow, Die Bedeutung der Theologie für Kirche und Gemeinde, 1963 (= glauben und leben 3)

F. S. Rothenberg, Der Christ vor den Herausforderungen der modernen Theologie, 1966 (= Calwer Hefte 77)

Ein anderes Evangelium? Wissenschaftliche Theologie und Christliche Gemeinde, 1967

3. Warum und wozu »Streit um die Bibel«?

Wir leben in einer Zeit, die über die Wahrheit nicht mehr wie über einen selbstverständlichen, undiskutierbar vorhandenen Besitz meint verfügen zu können. Wir haben gelernt, daß die Wahrheit nicht starr vorgegeben ist, sondern daß sie sich nur dem erschließt, der sie im Vollzuge des Suchens finden will.

Die Wahrheit ist zu einem auf uns zukommenden Phänomen geworden, dem wir uns gemeinsam zuwenden müssen, wenn wir es als das begreifen wollen, was es ist. Wer Wahrheit sucht, muß sich in die Kommunikation des Suchens begeben. Er findet sie nicht anders als so, daß er sich mit anderen aufmacht zu ihr hin.

Dieser neue Denkstil bringt viele Gedankengebäude, die frühere Jahrhunderte gebaut haben, unwiederbringlich zum Einsturz.

Wir sollten aber nicht an Ruinen stehenbleiben und sie bestaunen oder bespötteln, sondern entschlossen an den Aufbau neuer Wohnungen gehen, in denen unser Menschsein für die Zukunft eine ihm angemessene Heimat finden kann.

Das neue Denken hat inzwischen auch alte Heiligtümer in seinen Bann gezogen und ihnen den weiteren Denkmalschutz versagt oder bewußt entzogen. Auch solche Heiligtümer müssen sich nun dem Gespräch, der sondierenden Kommunikation stellen.

Selbst die Bibel, das unantastbar scheinende Heiligtum evangelischen Denkens, blieb von dieser Entwicklung nicht verschont. Das, was noch vor geraumer Zeit unbestrittener protestantischer »Besitz« zu sein schien, ist inzwischen Gegenstand heftigen Fragens geworden. Im evangelischen Bereich gibt es einen »Streit um die Bibel«, wie es ihn wohl nie zuvor gab.

Was soll man von diesem Streit halten? Soll man ihn beklagen und sich jammernd in sogenannte »unaufgebbare Festungen« zurückziehen, wie es der Fundamentalismus und die Buchstabengläubigkeit aller Schattierungen heute tun? Oder soll man entschlossen in diesen Streit eintreten, sich an ihm beteiligen und warten, welches Resultat er einmal zeitigen wird?

Vor Gericht spricht man vom »Streit-*Wert*« einer Sache. Wer zum Beispiel auf die Herausgabe eines Erbteils von 1 000 000 DM klagt, weiß sehr wohl, was bei diesem Rechtsstreit für ihn auf dem Spiele steht. Worum — so werden wir unwillkürlich fragen — geht es dann aber letzten Endes beim Streit um die Bibel?

Man kann und darf die Bibel durchaus als eine kulturelle Größe ersten Ranges bezeichnen. Nach wie vor ist sie das mit großem Vorsprung vor anderen Druckwerken weitverbreitetste Buch der Weltliteratur. Sie wurde bisher in mehr als 1200 Sprachen übersetzt und wird Jahr für Jahr in vielen Millionen Exemplaren verbreitet. Das sind (rein kulturgeschichtlich) nicht zu übersehende Faktoren.

Freilich wird man sofort auch zugeben müssen, daß solche Faktoren dem heutigen Menschen, vor allem der jüngeren Generation, die nach überzeugenden Gründen und Argumenten sucht, nicht viel oder gar nichts mehr sagen. Er wird vielmehr, wenn er die Bibel auch nur einigermaßen kennt, sofort einwenden:

Ihr Inhalt ist ja weithin nichts Besonderes! Wir bekommen in ihr Geschichten erzählt, wie sie zu einem gewissen Teil auch andere altorientalische Bücher enthalten. Sie berichtet von Kriegen, Eroberungen und Unterdrückungen, von Reichen und Armen, von Geburt und Tod — kurz von lauter menschlichen Begebenheiten, die uns keineswegs fremd und unbekannt sind.

Der heutige Mensch, der die geographischen (und damit auch geistigen) Grenzen des christlich-abendländischen Raumes mit Hilfe von guten Sachbüchern oder von schnellen Düsenmaschinen in kürzester Zeit fast mühelos überwinden kann, macht dabei die zusätzliche Erfahrung, daß die Bibel innerhalb der großen Sammlung religiöser Schriften der Menschheit nur *eines* von vielen Büchern ist, denen sich Menschen verpflichtet wissen und in denen sie überirdisch-göttliche Stimmen vernehmen und verehren.

Dem Abendländer kann angesichts dieser Erfahrung die Frage gar nicht ausbleiben: Lohnt sich der Streit um sie überhaupt noch?

a) Seit wann und warum ist die Bibel umstritten?

Der Streit um die Bibel hat nicht erst gestern begonnen. Er reicht zurück bis in die Alte Kirche, ja — wenn man so sagen dürfte — bis ins Neue Testament selbst. Man lese nur einmal Galater 2, 11 ff., wo sich Paulus mit Petrus wegen des rechten Verständnisses des Evangeliums auseinandersetzt — und das nicht ohne den entsprechenden Eifer und dazu mit recht scharfen Worten!

Ferner ist darauf hinzuweisen, daß die Bibel sogar ihre Entstehung zu einem gewissen Teil der Auseinandersetzung darüber verdankt, was rechtes Evangelium sei. Die Bibel selbst ist nicht zuletzt ein Ergebnis der vielen Streitigkeiten, die vor allem im frühen 2. Jahrhundert entstanden, als sich besonders die Bewegung der sogenannten »Gnosis«, die mit allerlei Erleuchtungen und Sonderlehren argumentierte, ausbreitete und die apostolische Verkündigung in Gefahr zu bringen drohte. Die Kirche hat dies zum Anlaß genommen, aus einer Vielzahl von urchristlichen Schriften diejenigen auszuwählen, die nach ihrem Urteil das Evangelium am klarsten bezeugten. Dabei war freilich in der alten Kirche der Wert einiger Bücher, die heute in unserem Neuen Testament enthalten sind, jahrhundertelang umstritten, so etwa der des Jakobus- und Judasbriefes, sowie der Offenbarung Johannes.

Bedenken wir weiter, daß die gesamte Reformation im Grunde nichts anderes war als ein Streit um die Bibel, um ihre alleinige Geltung und Autorität, um die Kriterien für die Festlegung ihres wesentlichen Inhalts und die sich daraus ergebenden Methoden der Auslegung. In der katholischen Kirche des Mittelalters hat es immer die Bibel gegeben. Ihr praktischer Einfluß auf Theologie und Kirche war allerdings verschieden groß und konnte zu gewissen Zeiten auf ein Minimum absinken, während gleichzeitig die kirchliche Lehre von allerlei philosophischen »Rankengewächsen« überwuchert wurde.

Martin Luther wollte ursprünglich keine »neue« Kirche gründen oder gar »neue« Lehren aufstellen, sondern einfach — um bei unserem Bild zu bleiben — die Lehre (und Praxis) der Kirche von allerlei unbiblischem »Rankenwerk« befreien.

Dabei ging es ihm nicht nur darum, die Bibel wieder zur alleinigen Geltung zu bringen (sola scriptura!), sondern auch darum, klar zum Ausdruck zu bringen, was denn innerhalb der Bibel die eigentliche »Mitte« dieses Buches sei, das in einer rund tausendjährigen Geschichte entstand und die verschiedenartigsten Literaturgattungen (Geschichtsberichte; Gesetze rechtlicher und kultischer Art; prophetische Mahn- und Bußpredigt; Zukunftsvisionen etc.) enthält, und das sehr unterschiedlicher und einander widersprechender Auslegungen fähig ist. Man kann sie als starre Paragraphensammlung im Sinne einer gesetzlichen Frömmigkeit verstehen, als von Gott selber Wort für Wort inspirierte Sammlung von Vorschriften, deren Erfüllung dem Menschen die Seligkeit garantiert, kann sie als politisches Buch betrachten, in dem es um bestimmte Staatsformen, wie etwa die Monarchie geht, sie als Fundgrube für Zukunftsweissagungen benutzen und sonst so ziemlich jeden Gebrauch von ihr machen.

Es hat meines Wissens in der gesamten Kirchengeschichte keine Epoche gegeben, in der man nicht darüber gestritten hätte, was nun die *Mitte* der Schrift sei. Für Luther war es Christus selbst. Er wollte sich in ihr vor allem auf das konzentrieren, was — wie er es nannte — »Christum treibet«, das heißt: was uns das Evangelium, die frohe Botschaft, die

Verheißung und Zusage Gottes vor Augen hält. Dabei ist Luthers Stellung zur Bibel eine sehr ambivalente, doppeldeutige. Einerseits kann er — etwa dann, wenn er gegen die sog. »Schwärmer« schreibt, die sich neuer Offenbarungen und Erleuchtungen brüsten und sich über das Bibelbuch, den »papiernen Papst«, wie sie es teilweise zu nennen pflegen, hinwegsetzten — ganz handgreiflich auf jeden einzelnen Buchstaben der Schrift pochen, so wie es heute ein Anhänger der Verbalinspiration tun würde, der sich, wenn er Luthers Werke fleißig liest, daraus mancherlei Zitate zur Stützung seiner Ansicht holen kann. Man muß aber bedenken, daß es Luther dabei im Grunde nicht um den Buchstaben an sich geht, sondern um das Beharren darauf, daß Gott nicht in Verzückungen und geheimen Inspirationen mit uns redet, sondern durch die Vermittlung seines geschichtlichen Wortes, wie es uns in der Bibel und der aus ihr geschöpften Predigt der Kirche gegeben ist. Andererseits ist derselbe Martin Luther in seinen Äußerungen über einzelne biblische Bücher außerordentlich selbständig und erteilt ihnen ganz unterschiedliche Zensuren. So kann er das Johannes-Evangelium »das einige, zarte Hauptevangelium« nennen, weil es uns wenig von Jesu Taten und Wundern, dafür um so mehr von seinen Worten berichtet, in denen er uns zum Glauben ruft. Vom Römerbrief kann er sagen, er sei »das rechte Hauptstück des Neuen Testaments und das allerlauterste Evangelium, welcher wohl würdig und wert ist, daß ihn ein Christenmensch nicht allein von Wort zu Wort auswendig wisse, sondern täglich damit umgehe als mit täglichem Brot der Seelen«. Für den Jakobusbrief (ähnlich wie für den Judas- und Hebräerbrief und die Offenbarung) findet er verständnislose bis harte Worte.
Den Jakobusbrief nennt er eine »stroherne Epistel«, weil darin nach seiner Ansicht fast nichts von Christus, dem Heiland der Sünder gesagt, sondern vornehmlich das Gesetz getrieben werde. Wir sehen also, daß die Reformation als geistliche Bewegung und als gewaltiger Neuaufbruch aus der Beschäftigung mit der Bibel entstanden ist. Evangelisches Christentum, sofern es nicht einfach nur ein Gegensatz zum Katholizismus sein will, wird sich darum seinem innersten Wesen nach immer und unablässig mit der Schrift und ihrer Auslegung befassen müssen, wird zu fragen haben, ob es die Schrift im ganzen recht versteht und deutet, ob es sie *heute* recht auslegt und predigt.

Daß es darüber innerhalb der Theologie ständig neu zu Kontroversen kommen wird, erscheint von der Sache her geradezu unausbleiblich! Der Kirche drohen ja Gefahren nicht nur von links, das heißt von radikalen und kritischen Bewegungen her, sondern ebenso von rechts, aus dem Kreis der »Rechtgläubigen«, die ein für allemal die Bibel in ihren

Besitz gebracht haben, ohne sich jemals danach fragen zu lassen, ob ihr Bibelverständnis auch recht und sachgemäß sei. Man braucht dabei nur auf ein gesetzliches Christentum hinzuweisen, das der Ansicht ist, seine Bibelauffassung sei die einzig mögliche und richtige und stimme bis zur Ablehnung von Rauchen und Tanzen unbezweifelbar mit dem überein, was die Apostel einst meinten und schrieben.

b) Was will die Bibel selber uns sagen?

Der sicherste Weg zur Beantwortung dieser entscheidenden Frage ist der, daß wir die Bibel unmittelbar mit solchen Aussagen zu uns sprechen lassen, in denen sie das, was sie uns nahebringen will, selber eindeutig und darum unmißverständlich umschreibt:

(a) in Johannes 20,31 heißt es: »Diese (Dinge) aber sind geschrieben, daß ihr glaubet, Jesus sei der Christus, der Sohn Gottes, und daß ihr durch den Glauben das Leben habet in seinem Namen.« Es geht also bei unserem Umgang mit der Bibel um nichts weniger als darum, daß es sich an unserer Begegnung mit ihr, das heißt aber: mit dem Herrn, der darin zu uns spricht, entscheidet, ob wir zum Glauben an Jesus Christus finden und dadurch zum ewigen Leben kommen oder nicht. Sagen wir es anders: an unserer Stellung gegenüber dem, was die Bibel als ihre Mitte bezeugt, entscheidet es sich, ob unser Leben einen ewigen Sinn gewinnt oder der Sinnlosigkeit verfällt.

(b) Paulus schreibt in 2. Korinther 5,20: »So sind wir nun Botschafter an Christi statt, denn Gott vermahnt durch uns; so bitten wir nun an Christi statt: Lasset euch versöhnen mit Gott!« Der Apostel beruft sich bei dieser dringenden Aufforderung nicht auf eigene Autorität und Weisheit, sondern auf einen an ihn ergangenen Auftrag Jesu Christi. Er richtet lediglich einen Befehl aus und gibt eine Mahnung seines Herrn weiter.

(c) 2. Petrus 1,21 weist in eine ähnliche Richtung: »Von dem heiligen Geist getrieben, haben Menschen im Namen Gottes geredet.« Das Neue Testament ist also kein Buch, in dem Menschen sich selbst aussprachen und darstellten, weil sie ein Bedürfnis dazu verspürten. *Gott* redet darin zu uns — allerdings durch den Mund von Menschen. Aber dabei sind letztlich immer wir mit alledem gemeint, und es heißt: »tua res agitur« — es geht um *Deine* Sache!

Gottes Wort kommt also durch die Geschichte zu uns, durch die Vermittlung von Menschen, in Gestalt eines Buches — der Bibel.

Gott macht keine andere Geschichte als die mit und durch Menschen. Wer das Geheimnis der Bibel recht verstehen will, kann das vielleicht am besten dann, wenn er sie begreift in Analogie (im Vergleich) zu Jesus Christus selbst. Seit alters bekennt die Kirche, daß Jesus, ihr Herr, wahrer Gott und wahrer Mensch gewesen sei. Wer in Jesus nur einen Menschen sieht, der einmal vor 2000 Jahren im fernen Palästina gelebt hat, wird nie erkenen, daß Jesus mehr ist als eine Gestalt der Vergangenheit. Ebenso falsch wäre es aber auch, in Jesus nur das Göttliche zu sehen, weil er dann ohne echte Beziehung zu der Geschichte bliebe, in der wir leben und mit der wir tagein, tagaus fertigwerden müssen.

c) Ist die Bibel fehler- und irrtumsfrei?

In diesem Zusammenhang müssen wir kurz auf die Frage der sogenannten »Unfehlbarkeit« der Bibel zu sprechen kommen. In der Geschichte der Kirche ist immer wieder der Streit darüber ausgebrochen, ob die Bibel denn »Gottes Wort« sei — Satz für Satz, ja Buchstabe für Buchstabe —, oder ob es in ihr Irrtümer, Fehler und Mängel gäbe und geben dürfe, so daß man nur behaupten könne, die Bibel *sei* nicht Gottes Wort sondern *enthalte* es nur.

Wie ist diese Alternative zu beurteilen? Wir alle wissen und sehen auch ohne Schwierigkeiten ein, daß die Bibel vieles mit anderen Büchern gemeinsam hat. Sie wurde von Menschen geschrieben, die fehlbar waren. Sie wurde durch Jahrhunderte nur handschriftlich überliefert, wobei sich Hunderte, ja Tausende von Abschreibfehlern eingestellt haben mögen. Fast jährlich werden neue Bibelhandschriften gefunden, die älter und textlich besser sind als die, die wir bisher besaßen. Der Bibeltext wird ständig geändert, verbessert, *dem* mehr angeglichen, was die Apostel einmal mit eigener Hand oder durch ihre Schreiber niederlegten.

Wer mit letzter Konsequenz darauf bestehen wollte, daß die Bibel in einem ganz mechanischen Sinne Buchstabe für Buchstabe Gottes Wort sei, befände sich in einer völlig ausweglosen Lage. Warum? Weil er endlos lange warten müßte, bis die Wissenschaft ihm vielleicht in einigen Jahrzehnten oder Jahrhunderten einen Bibeltext zur Verfügung stellen könnte, von dem sich sagen ließe, daß er weithin frei von Fehlern der Überlieferung sei. Wir alle sehen ein, daß es sich bei dieser Sicht der Dinge nur um einen Irrtum handeln kann. Denn niemand von uns ist in der Lage, bis zu einem solchen Zeitpunkt zu warten. Wir sollen ja jetzt und hier und heute glauben — und zwar an Jesus glauben — und nicht erst dann, wenn uns eine fehlerlose Bibel vorgelegt wird.

Es ist darum in keiner Form ein »Dienst an der Bibel«, wenn auch heute noch gewisse christliche Kreise den Versuch unternehmen, die Bibel als »unfehlbar« und »irrtumsfrei« auszugeben und dies mit der »Mahnung« verbinden, der Glaube würde ins Wanken geraten, wenn man auch nur an *einem* Buchstaben der Bibel rütteln wollte.
Karl Heim hat bereits kurz nach 1900 in sehr eindrücklicher Form vor dieser wirklichkeitsfremden Irrlehre gewarnt und sich gegen die Ideologie einer »fehlerlosen Spruchsammlung« gewandt, die eine scheinfromme *Phantasie* immer wieder hervorbringt:

> »Ähnlich ist es mit den Rätseln der Bibel. Die begeisterten Zeugnisse der Unfehlbarkeit der Schrift und der Inspiration jeder Silbe, von denen man oft auf solchen Versammlungen umrauscht ist, machen den Schweigsamen unter uns, die von diesen Rätseln beschwert sind, das Herz nur schwerer. Sie bringen unserem Gewissen keine Ruhe, wenn es einmal durch diese Fragen aufgeregt ist. Nein, der Gehorsam gegen die Wahrheit führt uns zur Beugung unter die ganze Wirklichkeit der Schrift, unter die Tatsache der widersprechenden Lesarten, der Unsicherheit der Texte, der kollidierenden Berichte. Die armselige menschliche Idee eines in sich geschlossenen Spruchsystems entschwindet uns unter den Händen, je tiefer wir in den Wunderwald der biblischen Schriften hineinwandern, dessen alte immergrüne Bäume die Spuren der Stürme tragen, unter denen sie aus dem Boden der Geschichte in prachtvoller Ursprünglichkeit herausgewachsen sind. Und erst, wenn uns das Phantom einer fehlerlosen Spruchsammlung, das unsere Menschenwünsche gewaltsam aus der Schrift machen wollten, gründlich zerbrochen ist, hören wir auf, uns über die Schrift zu stellen, und fangen an, etwas vom Geist der Schrift selbst zu ahnen. Und dann verstehen wir, warum Gott sein Buch von menschlichen Büchern in Entstehungsart und Form so wenig unterschied, und warum er seine äußerliche Gestalt den Unbilden der Jahrtausende aussetzte. Weil sich nur so die innerliche Herrlichkeit der Schrift, ihr unendlicher innerer Aufstand gegenüber aller übrigen Literatur dem Glaubensauge aufschließen konte«.[1]

[1] aus einem im Jahre 1905 gehaltenen Vortrag über das Thema: »Bilden ungelöste Fragen ein Hindernis für den Glauben?« (veröffentlicht in dem Sammelband: »Glaube und Leben«, 1926, S. 515—536; das Zitat findet sich auf S. 534).

Eine Klärung der Frage nach der »Unfehlbarkeit« der Schrift ist also von einer anderen Basis aus zu suchen. Wenn die Bibel nicht fehlerlos ist und die Zeichen ihrer langen menschlichen Geschichte deutlich erkennbar an ihrer Stirn trägt, *wer* verbürgt uns dann, daß wir uns nicht nur an einen Strohhalm klammern, wenn wir uns ihr anvertrauen?

Luther und unsere altprotestantischen Väter sprachen von der sogenannten »sufficientia« der Heiligen Schrift, das heißt davon, daß sie alles enthalte, was zu unserer Seligkeit notwendig sei. Sie gingen dabei von der felsenfesten Überzeugung aus, daß Gott jedem Menschen, der die Bibel lese oder ihre Botschaft höre, schlechthin *alles* darin sage, was er zu seinem Heil brauche. Daß Gott durch dieses von seiner langen Geschichte gezeichnete Buch hindurch in jedem Falle *so* klar, laut und vernehmbar zu uns rede, daß wir dadurch seinen Willen soweit erfahren würden, wie wir um ihn wissen müssen, um nicht in die Irre zu gehen und ohne die rechte Wegweisung zu bleiben.

Darin ist und bleibt die Bibel für alle Zeiten unfehlbar. Wer darum heute und morgen und übermorgen seine Bibel aufschlägt, darf sich darauf verlassen, daß er im Menschenwort und durch es hindurch *Gottes Wort* hört.

Nicht eine irgendwie konstruierte und dogmatisch behauptete Irrtumslosigkeit der Heiligen Schrift überzeugt und überführt uns von ihrer Wahrheit, sondern die biblische Botschaft erweist sich nur dem, der sich ihr rückhaltlos aussetzt, als ein Felsengrund, auf den er sich verlassen kann. Die Bibel erschließt ihr eigentliches Geheimnis nur dem, der vertrauensvoll auf das hört, was sie uns in ihrem Zentrum zu sagen hat.

Darum werden kritische Forschung an der Bibel und gläubiges Hören auf das, was sie uns nahebringen will, niemals in eine wirkliche Konkurrenz zueinander treten oder sich gar ausschließen können.

Die kritische Forschung behandelt die Bibel als ein geschichtliches Dokument, das — wie andere geschichtliche Dokumente — eine lange Geschichte durchmachte und dabei manchen Änderungen unterlag. Wo solche Forschung in *rechter* Weise betrieben wird, sieht sie ihre vornehmste Aufgabe darin, die besondere Eigenart dieses Buches mehr und mehr ans Licht zu stellen, uns sein Werden und Wesen besser zu erklären und dadurch Hilfen zu sachgerechtem Verstehen zu geben. Damit ist der Glaube in keiner Form überflüssig geworden. Im Gegenteil! Er weiß sich von den Texten der Bibel angesprochen, aufgerufen und zum Gehorsam herausgefordert. Diese Forderung besteht unabhängig von den sich ständig wandelnden Ergebnissen und Ansichten der jeweiligen Forschung.

Adolf Schlatter, einer unserer größten wissenschaftlichen Bibelerforscher und -Ausleger, hat diesen Sachverhalt einmal überzeugend *so* formuliert:

> »Die historische Forschung in der Bibel unterscheidet sich allerdings vom Glauben sehr bestimmt als eine andersartige Aufgabe. Wir halten dabei das Bibelwort von uns weg und stellen es in die Vergangenheit zurück an den Ort, an dem es im Verlauf der Geschichte stand. Im Glauben ziehen wir dagegen das Schriftwort an uns heran und verschmelzen es mit dem, was jetzt unser Anliegen bildet. In der Forschung bemühen wir uns, das Bibelwort verstehend zu durchdringen, achten auf die Wurzeln, aus denen es Geltung und Anwendbarkeit besitzt. Im Glauben öffnen wir unser Herz dem Schriftwort, lassen uns selbst von ihm messen und richten, uns selbst von ihm das Gepräge geben und die Grenzen stecken«.[2]

d) Warum sich auch heute der Streit um die Bibel lohnt

Wenn die Bibel tatsächlich das *eine* Buch ist, in dem und durch das Gott mit seinem Evangelium, seiner frohmachenden und allen Menschen Heil anbietenden Botschaft zu uns spricht, dann ist es verständlich und einleuchtend, daß es gerade um dieses Buch seit seiner Zusammenstellung immer Streit gegeben hat — innerhalb und außerhalb der christlichen Kirchen. Daß ganze Bibliotheken von Büchern geschrieben wurden, um die Bibel zu widerlegen oder gar aus der Welt zu schaffen. Daß man Verfolgungen organisiert hat, um ihre Verbreitung einzudämmen oder Bibeln zu sammeln und zu verbrennen. Daß auch in der Theologie der Streit um sie nie ruhte, weil man um ihre Bedeutung und Autorität rang. Die Bibel mit ihrem einmaligen Anspruch, die Botschaft von dem zu enthalten, der der alleinige Weg, die alleinige Wahrheit und das alleinige wahre Leben ist, wird immer ein umstrittenes Buch bleiben. *Sie wäre nicht mehr die Bibel, wenn es eines Tages keinen Streit mehr um sie gäbe!* Wir wissen indessen, was sie eigentlich von uns will — oder sagen wir es besser: was sie uns anzubieten hat —: daß Gott hier und heute durch ihre menschlichen Worte hindurch selbst mit uns sprechen, uns an der Hand nehmen und durch alle Wirrnisse und Dunkelheiten dieser Zeit mit uns zu seinem ewigen Vaterhaus gehen will. Daß Christus uns darin zusagt:

[2] Hülfe in Bibelnot. Gesammelte Arbeiten zur Schriftfrage. 1926, S. 166.

»Ich bin das Licht der Welt« — für alle, die nicht klar sehen und in ihrem Leben keinen Sinn erkennen —; »Ich bin das Brot des Lebens« — für alle, die nach wahrem, erfülltem Leben verlangen —; »In der Welt habt ihr Angst, aber seid getrost, *ich* habe die Welt überwunden!« — für alle, die an Lebensangst leiden und von Angstneurosen geplagt werden —; »Ich bin bei euch alle Tage, bis an der Welt Ende[3]« — als eine Verheißung, deren innere Kraft stärker und mächtiger ist als alle Bedrohung durch A- und H-Bomben und alle düsteren Zukunftsprognosen.

Ein Buch wie die Bibel, das uns solche Zusagen gibt, ist es wohl wert, daß wir uns inmitten und jenseits aller Auseinandersetzungen um sie tagtäglich mit ihr beschäftigen und dabei der Mahnung Martin Luthers eingedenk bleiben:

> »Wer diesen Mann, der da heißt Jesus Christus, Gottes Sohn, den wir Christen predigen, nicht recht und rein hat noch haben will, der lasse die Bibel in Ruhe. Das rate ich; er wird gewißlich zuschanden und wird, je mehr er studiert, um so blinder und toller«, (WA 54, 29,10 ff.)

aber auch wissen, was dem verheißen ist, der sich an dieses Wort klammert:

> »Wer dem Worte glaubt, der wird gewiß errettet werden. Denn dieses ist unser einziger Schutz. Die erschrockenen und schwachen Seelen können nämlich durch menschliche Hand nicht aufgerichtet werden. Hier ist das Wort nötig« (WA 25, 106,20 ff.); »Wer es hat, der hat und kann alles« (WA 52,515, 4 f.).

[3] Johannes 8,12; 6,48; 16,33; Matthäus 28,20.

Weiterführende Fragen und Anstöße

> Warum wäre es äußerst beklagenswert, wenn es in Theologie und Kirche einmal keinen »Streit um die Bibel« mehr gäbe?

> Was können wir dazu beitragen, daß der (stets notwendige) »Streit um die Bibel« versachlicht und (vor allem) von Gruppen-Aggressionen und überkommenen Vor-Urteilen (etwa: hier wissenschaftliche Bibelauslegung — dort Gemeindefrömmigkeit) befreit wird?

> Worin könnte man das (durchaus positiv gemeinte!) Anliegen der Lehre von der »Verbalinspiration« sehen? Ließe es sich nicht viel besser ohne Zuhilfenahme dieser offenkundigen »Irrlehre« begründen und vertreten?

Weiterführende Literatur

W. Marxsen, Der Streit um die Bibel, 1965

C. Westermann, Umstrittene Bibel, 1968 (= Gütersloher Taschenausgabe 20, 2. Aufl.)

Kranzbacher Gespräch der Lutherischen Bischofskonferenz zur Auseinandersetzung um die Bibel, 2. Aufl. 1967

W. Harenberg, Jesus und die Kirchen. Bibelkritik und Bekenntnis, 1966

II.

Neues Fragen nach den alten Fundamenten des Glaubens

1. Das »Rätsel« des Jesus von Nazareth

Ist es nicht seltsam oder gar bedenklich, nach Ablauf von fast zweitausend Jahren christlich-abendländischer Geschichte von Jesus von Nazareth als von einem »Rätsel« zu sprechen? Wie kann man im Raum der christlichen Kirche vom »Rätsel des Jesus von Nazareth« reden und damit den fatalen Eindruck aufkommen lassen, in der Christenheit wäre ein Zweifeln und Rätselraten darüber möglich und statthaft, wer Jesus von Nazareth gewesen sei? Sollte man nicht unter Christen voraussetzen, daß sie nichts genauer wissen und sich für nichts brennender interessieren würden, als gerade für diesen Jesus Christus, von dem sie doch schließlich ihren Namen als Christen herleiten?

Es ist gewiß kein Akt bewußten oder unbewußten Unglaubens, die Überschrift dieses Kapitels so zu formulieren, daß Jesus darin nicht als eine in sich sonnenklare Größe erscheint, sondern als ein ungelöstes, vielgedeutetes und doch nur selten bis auf seinen tiefsten Grund geschautes Rätsel, vor dem viele Menschen durch Jahre und Jahrzehnte ihres Lebens stehen, ohne jemals zu dem alles entscheidenden Punkt vorzudringen, an dem sie erkennen, daß dieser Jesus nicht dies oder jenes war, wollte, meinte — sondern daß er hier und heute unser Herr sein will, und daß es von der Sache her nicht nur unmöglich erscheint, sondern auch im Vollsinne des Wortes gänzlich unmöglich ist, sich mit ihm zu beschäftigen, ohne dabei eine Entscheidung fällen zu müssen, die unser Leben — so oder so — von Grund auf betrifft, bestimmt und zum Heil oder Unheil stempelt und zeichnet.

a) Jesus Christus — der Unbekannte?

Im Jahre 1949 erschien in Zürich in deutscher Übersetzung ein Buch des französischen evangelischen Theologen Pierre Maury, das den provozierenden Titel trug: »Jesus Christus, der Unbekannte«. Der Verfasser scheute sich darin nicht, gewisse (den Kirchen sicher unangenehme) Dinge unverblümt beim Namen zu nennen. Wir zitieren nachstehend einige Sätze aus dem Buch von Maury:

> »Jesus Christus, der Unbekannte! Sagt dieser Titel etwas Wahres? Ist derjenige wirklich Gegenstand einer solchen Unkenntnis, den doch so viele Wirklichkeiten unseres Lebens bezeichnen: zunächst einmal die Zeit, in der wir leben: das Jahr

sowieso des *christlichen* Zeitalters; die Zivilisation, auf die wir uns berufen — man nennt sie *christlich;* dann die Ordnung unseres persönlichen Lebens wie auch unserer sozialen Beziehungen. . . .

Doch dieses so oft wiederholte Eigenschaftswort »christlich«, wer gibt ihm denn den Inhalt, den es eigentlich haben sollte — ich meine die Existenz eines Menschen, der sich Jesus Christus nannte und der 33 Jahre unter den römischen Kaisern Augustus und Tiberius gelebt hat? Wer *kennt* das Geheimnis dieses Lebens, wie es sich in Worten, Taten, Ereignissen ausgedrückt hat?

Höchstens noch erinnern die Kapellen an unsern Wegen, die Kreuze auf den Giebeln unserer Kirchen oder die Kreuzigungen in unsern Museen die meisten unserer Zeitgenossen daran, wie dieser Mensch gestorben ist!« (Seite 9).

Selbst wenn man zu dem (durchaus berechtigten) Eingeständnis bereit ist, daß Maury mit diesen Sätzen sehr verallgemeinert, so wird man doch auf der anderen Seite nicht um die Feststellung herumkommen, daß er mit dem, was er sagt, in keinem Falle nur an den heutigen Tatsachen vorbeiredet.

Sollte Jesus Christus auch im christlichen Abendland ein »großer Unbekannter« geworden sein, dann wäre ja nichts für die Christen dringlicher und vorrangiger, als daß sie sich ernsthaft und selbstkritisch darauf besinnen würden, wie es zu einer solchen Entwicklung hat kommen können.

b) Warum gerade Jesus von Nazareth?

Jeder Religionslehrer an höheren Schulen wird dann und wann von seinen Schülern vor die heikle Frage gestellt, warum man denn »ausgerechnet an Jesus glauben soll?« Es gäbe doch vor, neben und nach ihm andere bedeutende Religionsstifter.

Die Menschheitsgeschichte ist erfüllt von Gestalten, die zu dem Christus des Neuen Testamentes in harte und scharfe Konkurrenz treten. In den Religionen und Kulten Griechenlands und Asiens wird uns nicht nur von menschgewordenen Göttern berichtet, die durch eine Jungfrauengeburt[1] zur Erde kamen und nach ihrem Tode wieder auf-

[1] zur Frage der »Jungfrauengeburt« im Neuen Testament und in den altkirchlichen Bekenntnissen vgl. das Kapitel: »2. Ich glaube an Jesus Christus, . . . geboren von der Jungfrau Maria . . .« in unserem Buch: Ursprung und Aufbruch (Stuttgart 1971), S. 101—109

erstanden, sondern auch von Heilanden, die Menschen von Krankheiten geheilt und sogar Tote auferweckt haben. Wer sich einmal in diese Dinge vertieft, der könnte am Ende zu dem Ergebnis kommen, daß Jesus eben letztlich auch nichts anderes war als eine religiös sehr interessante Persönlichkeit, die man — wie viele neben ihm — beachten und verehren muß, weil sie für die Menschheit vorbildliche Wegweiser zum Göttlichen geworden sind.

c) Was weiß man Genaues von und über Jesus?

Über der Geschichte des Lebens Jesu liegt bis heute ein kaum durchdringbarer Schleier. So wissen wir bis auf den heutigen Tag nicht (genau), in welchem Jahr (noch viel weniger: an welchem Tag) er geboren wurde und in welchem Alter man ihn kreuzigte. Die menschliche Gestalt Jesu wird uns nirgends beschrieben. Wir besitzen kein einziges Wort aus »seiner Feder«. Wie aber soll man sich intensiv mit einem Menschen beschäftigen, von dem man relativ wenig weiß, und der dazu vor fast 2000 Jahren im vorderen Orient lebte? Drängt sich ihm gegenüber nicht fast automatisch die Frage auf, wieso und warum es sich lohnen soll, sich im Zeitalter der Raumfahrt noch mit ihm zu beschäftigen?

Vielleicht gibt es auch heute noch Menschen, die bisweilen den Versuch machen, sich wenigstens für die kurze Spanne eines unverbindlichen Gedankenspiels über alle diese Schwierigkeiten hinwegzusetzen, indem sie sich sagen: »Ja, hätte ich damals gelebt, als Jesus über die Erde ging, dann wäre es mir sicher ein Leichtes gewesen, seinem Ruf zu folgen. Wie müssen es doch die Menschen in Bethlehem, Nazareth und am See Genezareth einfach gehabt haben! Sie sahen Jesus leibhaftig, sie hörten seine Worte mit eigenen Ohren. Für sie gab es keine Zweifel daran, daß er nicht eine Erfindung, sondern eine lebendige Realität war.«

Nun, die Frage, ob uns der Glaube an Christus leichter gefallen wäre, hätten wir damals gelebt, ist gar nicht so eindeutig zu beantworten. Sicher hatten die Zeitgenossen Jesu uns *darin* etwas voraus, daß sie ihn tatsächlich real sahen und hörten. Aber war das wirklich ein Vorzug gegenüber unserer Situation? Wir wissen aus dem Neuen Testament, daß die menschliche Erscheinung Jesu vielen Menschen seiner Umgebung zu einem unüberwindlichen Anstoß wurde. Die Schriftgelehrten wiesen nur darauf hin, daß Jesus aus dem in einem schlechten Ruf stehenden Nazareth komme — und schon war für sie das Gespräch beendet. Was sie sich als Bild und Erscheinung des Messias vorstellten, paßte in keiner Form zu dem, was Jesus war und tat. Sie erklärten ihn darum für einen Zauberer, Teufelsaustreiber, ja sogar für einen Wahnsinnigen und Besessenen.

Wir stoßen hier seltsamerweise auf denselben Sachverhalt, der uns oben bei der Frage nach der Bibel begegnet ist. Nicht nur die Bibel ist tausendfältiger Ausdeutung fähig, sondern auch Jesus — als ihre Mitte — wurde bereits während seines Erdenlebens in der verschiedensten Weise gedeutet und eingeordnet. Was sollen wir angesichts dieser unbestreitbaren Sachlage tun?

d) Des Rätsels Lösung — der »Glaube«?

Seit den Zeiten des Apostels Paulus sprach und spricht die Kirche, wenn sie die Botschaft von Jesus Christus verkündigt, vom »Glauben an Jesus Christus«. Wo finden wir heute das Zauberwort, den Schlüssel, das/der uns das Tor zum geheimnisvollen »Rätsel« des Jesus von Nazareth auftut?

Wer von einem Menschen der Vergangenheit etwas erfahren will, kann dies in jedem Falle nur so, daß er auf Berichte und Zeugnisse hört, die uns von ihm überliefert sind. Also sind wir bei der Frage nach Jesus unabdingbar an die Bibel gewiesen. Die wenigen nichtchristlichen Zeugnisse[2], die es über Jesus gibt, sagen uns nichts darüber, was seine eigentliche Sendung war und welcher Anruf von ihm an seine Zeitgenossen ergangen ist. Darüber bekommen wir nur durch die urchristlichen Evangelien und Briefe Auskunft. Aber diese Evangelien und Briefe sind nun keine Geschichtsberichte in unserem modernen Sinne. Sie reihen nicht einfach Tatsachen und Geschehenes »neutral« aneinander. Sie wollen vielmehr (und das ist ihre klare eigene Auskunft — siehe Johannesevangelium 20,31!) bei bewußtem Verzicht auf »vollständige Berichterstattung« nichts anderes als »Glauben an Jesus« ermöglichen.

Darum ist es im Grunde belanglos, ob die Evangelien in ihren einzelnen Berichten frei sind von Widersprüchen. Das war keinem ihrer Verfasser auch nur von ferne ein Anliegen. Wer die Evangelien recht lesen will, der muß auf den oben zitierten Vers aus Johannes 20 hören und im Neuen Testament in erster Linie suchen und immer wieder

[2] es gibt nur ganz wenige und dazu meist sehr kurze literarische Zeugnisse aus dem 1. Jahrhundert über Jesus aus der Feder von nicht-christlichen (jüdischen oder römischen) Autoren.

suchen, wo und wie er Christus findet. Das ganze Neue Testament ist ein einziges Einladungsschreiben, in dem Jesus uns dazu einlädt, auf seine Stimme zu hören und zu erkennen (und alle Konsequenzen daraus zu ziehen!), daß Er der Herr ist.

Wir wissen heute, daß viele urchristliche Schriften für immer verlorengegangen sind. Sind wir darum ärmer und können deswegen weniger leicht zu Jesus finden?

Das »Rätsel des Jesu von Nazareth« entschleiert sich uns nicht anders als so, daß wir den »Brief«, den uns die früheste Christenheit hinterlassen hat, sorgfältig, genau und mit großem Interesse lesen und immer wieder lesen. Dabei brauchen wir in keiner Form zu übersehen, daß dieses alte Buch, in dem der »Brief Christi« an uns enthalten ist, viele Spuren seiner langen Geschichte trägt, daß manche Seiten darin (im übertragenen Sinne) »vergilbt« oder »zerrissen« sind. Was tut's, wenn wir nur eines Tages erkennen, daß der Brief, um den es sich in der Bibel handelt, an *uns* adressiert ist, daß das alte Buch, dem man so viele Irrtümer und Unrichtigkeiten vorgeworfen hat, mit einem Mal gleichsam anfängt, Beine zu bekommen, auf uns zuzumarschieren und uns den Brief Christi zu übergeben, wie das sonst der Postbote zu tun pflegt? Ja, daß eines Tages nicht nur ein solcher Brief vor uns liegt, sondern Christus selbst vor uns steht und uns zur Entscheidung ruft. Daß an mich die Frage ergeht, der ich nicht mehr ausweichen kann: »Herr, wohin soll ich denn gehen?«

Die Frage nach dem möglichen Glauben an Jesus Christus angesichts der Zweifel, Bedenken und Schwierigkeiten des modernen Menschen ist also so zu beantworten: Jesus Christus gehört nicht etwa nur einer fernen Vergangenheit an, die in Büchern, in der kirchlichen Liturgie oder in einem christlich beeinflußten Wortschatz »weiterlebt«, so wie etwa auch Goethe und andere in ihren literarischen Werken »weiterleben«, sondern Jesus Christus spricht durch die Bibel und durch die christliche Verkündigung *heute* selbst in unsere Wirklichkeit hinein.

Und da er keine »bloße Idee« oder »Vorstellung«, sondern eine worthafte »Person« ist, bedarf sein personhaftes Wort an uns der personhaften Ant-Wort, wartet seine Zusage auf unser Vertrauen. Genau dieses »Vertrauen« meint das Neue Testament, wenn es vom Glauben an Jesus Christus spricht.

Dietrich Bonhoeffer sah an diesem Punkt eine der größten Gefahren innerhalb unserer Kirchen am Werk. Er hat gegen das Mißverständnis, daß Jesus eine religiöse Idee sei, ein Buch geschrieben, das den Titel trägt »Nachfolge« — eine Schrift, die auch 40 oder 50 Jahre nach ihrem ersten Erscheinen immer noch hoch-aktuell sein wird.

In ihr finden sich unter anderem folgende Sätze:

> »Nachfolge ist Bindung an Christus; weil Christus ist, darum muß Nachfolge sein. Eine Idee von Christus, ein Lehrsystem, eine allgemeine religiöse Erkenntnis von der Gnade oder Sündenvergebung macht Nachfolge nicht notwendig, ja schließt sie in Wahrheit aus, ist der Nachfolge feindlich. Zu einer Idee tritt man in ein Verhältnis der Erkenntnis, der Begeisterung, vielleicht auch der Verwirklichung, aber niemals der persönlichen gehorsamen Nachfolge. Ein Christenmensch ohne den lebendigen Jesus Christus bleibt notwendig ein Christentum ohne Nachfolge und ein Christentum ohne Nachfolge ist immer ein Christentum ohne Jesus Christus; es ist Idee, Mythos. Ein Christentum, in dem es nur den Vatergott, aber nicht Christus als lebendigen Sohn gibt, hebt die Nachfolge geradezu auf. Hier gibt es Gottvertrauen, aber nicht Nachfolge«[3].

e) Was kann man heute von Jesus Christus erwarten?

Jesus ist in seiner Umwelt mit dem für damalige Ohren ungeheuerlichen Anspruch aufgetreten: er habe nicht nur die Vollmacht, kranke Menschen zu heilen, sondern ihnen vor allem auch ihre Sünde zu vergeben. *Wo* in der Welt findet sich jemand, der in der Lage wäre und die Kraft dazu hätte, uns unsere Sünde zu vergeben? Man kann die Schuld seines Lebens mit einer an Perfektion grenzenden Kunst ins Unbewußte verdrängen, man kann sie sogar leugnen und weit von sich weisen. Aber kein Mensch kann sich oder einem anderen die Sünde wirklich vergeben. Daß heute die Sprechzimmer der Nervenärzte, Psychotherapeuten und Psychiater immer voller und gleichzeitig die Aussprachen beim Pfarrer immer seltener werden, ist ja alles andere als ein Zeichen dafür, daß der moderne Mensch nichts mehr von Sünde wisse und sich keinen Deut um das kümmere, was die Kirche ihm an dieser Stelle zu sagen habe. Im Gegenteil: die Sünde, nicht mehr ernst genommen, nicht mehr dorthin gebracht, wo sie allein vergeben werden kann, nämlich zu Jesus Christus, zieht sich nur in um so tiefere Kammern unseres Unbewußten zurück und treibt von dort aus ihr zerstörerisches Werk. Die zunehmende Zahl von Rauschgift- und Alkoholsüchtigen, die Lebensgier auf allen Gebieten sind Alarmzeichen dafür, wohin eine Welt kommt, die nicht mehr darum

[3] Nachfolge. München 1961, S. 30.

weiß und davon lebt, daß einer unter uns war und ist, der Sünde vergeben und neues Leben schenken kann.
Zum Glauben an Jesus von Nazareth wird darum nur der finden, der durch Predigt oder Bibellesen aus dem Evangelium den Heilandsruf hört und ihm mit allen Konsequenzen folgt: »Kommet her zu mir alle, die ihr mühselig und beladen seid, ich will euch erquicken, bei mir sollt ihr Ruhe finden!« (Matthäus 11,28).
Wenn Jesus keine legendäre Gestalt, keine fromme Erfindung antiken Denkens ist, sondern der Sohn Gottes, der Macht hat, den Menschen ihre Sünde zu vergeben, dann muß auch noch heute jeder von uns an diesem Punkt die Probe auf die Wahrheit und Zuverlässigkeit der Botschaft des Evangeliums machen können.
Wir sollten wohl beachten, daß Jesus an diese Probe nur *eine* einzige Bedingung geknüpft hat: nämlich die, daß wir zu ihm kommen oder ihn zu uns kommen lassen.
Religionen und Weltanschauungen zeichnen sich unter anderem dadurch aus, daß sie ihren »Anhängern« Forderungen auferlegen und sie zu Leistungen heranziehen. Jesus dagegen hat sich mit einem »absoluten Angebot« an *alle* Menschen gewandt: an die Zweifler, Gestrandeten, an die Etablierten und Revolutionierenden, an die »Kirchlichen« und »Unkirchlichen«.
Nur wer das erkennt und sich ebenso radikal von ihm beschenken wie von ihm in Frage stellen läßt, der hat das tiefste Geheimnis des Mannes aus Nazareth verstanden. Jesus ist nicht gekommen, um sich nach mehr oder minder guten Menschen auf dieser Erde umzusehen und diejenigen zu prämieren, die es nicht ganz so toll wie andere getrieben haben, die immer brav waren und nie mit dem Gesetz in Berührung kamen, sondern er ist gekommen, um uns *alle* zur Buße zu rufen, zur Umkehr, zur Hinwendung zu ihm. Haben wir *diesen* Ruf gehört? Wen wir *ihn* nicht vernommen hätten, wären wir mit allem unserem Wissen um Jesus, mit all unserer Christlichkeit und Kirchlichkeit dem Geheimnis des Mannes aus Nazareth himmelweit fern, und all dieses Wissen und Tun würde uns mehr schaden als nützen.

f) Und was erwartet Jesus Christus von uns?

An diesem Punkt gibt es unter uns keine Unterschiede mehr. Wir seien alt oder jung, arm oder reich, von kleiner oder großer Bildung, aus kirchlicher oder unkirchlicher Tradition herkommend. Die Einladung Jesu gilt uns allen bedingungslos.

Piere Maury hat das in seinem obenerwähnten Buch in einfachen Worten so formuliert:

> »Ich könnte sicherlich antworten, daß Jesus Christus kennenzulernen weder in einer größeren oder kleineren Summe von Tatsachen und Begriffen besteht, noch in irgend einem tiefen Geheimnis, das denen vorbehalten ist, die einen Grad der Einweihung um den anderen erstiegen haben. Das einfache und ernsthafte Herz eines Kindes ist fähig, vielleicht am allerfähigsten, Jesus Christus kennenzulernen« (Seite 12).

Alle unsere Bemühungen und Diskussionen um den Glauben an die Bibel wären sinnlose Zeitvergeudung, wenn sie nicht irgendwann dazu führen würden, daß wir uns vor diesen Anruf und diese Zusage gestellt sähen, die heute noch so an uns ergehen, wie die den Menschen zur Zeit Jesu in den Ohren klangen. Wir können so wenig wie sie auf Grund eines Willensentschlusses den Schritt des Glaubens wagen. Aber aus demselben Evangelium, aus dem wir eine Antwort auf die Frage nach dem Glauben an Jesus von Nazareth zu erhalten versuchten, dringt eine einladende und mahnende Stimme auf uns ein, die uns sagt:
»Suchet, so werdet ihr finden, klopfet an, so wird euch aufgetan werden!« (Matthäus 7,7). Wer es wissen und am eigenen Leibe erfahren möchte, ob dieser Jesus von Nazareth ein Religionsstifter wie viele andere war oder der lebendige und allgegenwärtige Sohn Gottes, der kann hier keinen Beweis mehr fordern und nach überzeugenden Gründen verlangen, sondern nur noch der Einladung des Evangeliums gehorsam Folge leisten. Dazu möchte ich noch ein Wort von Dietrich Bonhoeffer zitieren, das ganz klar umschreibt, was damit gemeint ist:

> »Nur der Gehorsame glaubt. Es muß Gehorsam geleistet werden gegen einen konkreten Befehl, damit geglaubt werden kann. Es muß ein erster Schritt des Gehorsams gegangen werden, damit Glaube nicht frommer Selbstbetrug, billige Gnade werde. Es liegt an dem ersten Schritt. Er ist von allen folgenden qualitativ unterschieden. Der erste Schritt des Gehorsams muß den Petrus fort von den Netzen, aus dem Schiff heraus, muß den Jüngling aus dem Reichtum führen. Nur in dieser neuen, durch den Gehorsam geschaffenen Existenz kann geglaubt werden«[4].

Die Frage, aus welchen Verhältnissen heraus und von welchen Bin-

[4] Nachfolge, S. 36.

dungen weg uns der erste Schritt unseres Gehorsams führen muß, kann jeder unter uns nur sich selbst im Gespräch mit Gott beantworten. Es hängt aber alles daran, daß wir einen und viele solche Schritte tun, das heißt: daß wir in Richtung auf Jesus Christus in eine Bewegung kommen, die bis zu unserem Lebensende nicht mehr abreißt, auch wenn es dabei durch tiefe Täler, durch Rückfälle, durch Scheitern und Versagen ginge!

Dabei wird sich uns keineswegs das »Rätsel des Jesus von Nazareth« in ein einsichtiges System von Erkenntnissen und Deutungsmöglichkeiten hinein auflösen. Aber wir werden die Erfahrung machen, daß der gepredigte und geglaubte Jesus Christus kein »Unbekannter« ist, sondern eine gegenwärtige Wirklichkeit, die sich denen erschließt, die das einsame und gemeinsame Suchen für wichtiger halten als den selbstsicheren »Besitz«.

Weiterführende Fragen und Anstöße

> Weshalb wäre uns der Glaube an Jesus Christus nicht leichter gemacht, wenn uns jemand »beweisen« könnte, daß die Bibel »absolut fehlerfrei« sei?

> Warum kann es keinen Glauben an Jesus Christus ohne den Gehorsam der Nachfolge geben?

> Was ist der wesenhafte Unterschied zwischen einem »allgemeinen Gottvertrauen« und dem biblisch verstandenen Glauben als »Bindung an Jesus Christus«?

Weiterführende Literatur

P. Maury, Jesus Christus, der Unbekannte, 1949

E. Schweizer, Jesus Christus im vielfältigen Zeugnis des Neuen Testaments, 1968 (= Siebenstern-Taschenbuch 126) (die z. Z. wohl sachlich beste und didaktisch überzeugendste *allgemeinverständliche* Darstellung der neutestamentlichen Christologie und ihrer zahlreichen Fragen und Probleme).

2. Der Glaube im Spannungsfeld des Zweifels[1]

Wer im Raum der Kirche vom Zweifel spricht, stößt dabei leicht auf taube Ohren oder ruft ein verständnisloses Kopfschütteln hervor. Man weist ihn vielleicht auf die »Schlange im Paradies« hin, die mit Hilfe des Zweifels Adam und Eva »zu Fall gebracht« habe. In vielen Fällen hält man den Zweifel für eine sehr bedenkliche und dem »Glauben« keineswegs angemessene Sache.

Dem steht die Erfahrung gegenüber, daß viele Menschen (und höchst wahrscheinlich auch wir selber) sich ständig mit allerlei Formen und Gestalten des Zweifels auseinandersetzen müssen.

Noch vor einigen Jahrzehnten hörte man viel vom sogenannten »naturwissenschaftlichen Zweifel« an der Bibel, speziell an ihren beiden Schöpfungsberichten (1. Mose 1—2). Um diesen Zweifel ist es in unserer Gegenwart erstaunlich ruhig geworden. Dieser Umstand läßt sich darauf zurückführen, daß die moderne Naturwissenschaft weitestgehend darauf verzichtet, ihre Forschungsergebnisse und Erkenntnisse in irgendeinem Sinne für weltanschaulich-pseudoreligiöse Propaganda zu mißbrauchen. Gleichzeitig hat die theologische Arbeit am 1. Buch Mose zu der Einsicht geführt, daß es in den alttestamentlichen Schöpfungsberichten in keiner Weise um so etwas wie »naturwissenschaftliche Berichte über die Weltentstehung« geht, sondern um Glaubensaussagen Israels, die als solche gelesen und verstanden sein wollen und deren »Botschaft« man geradezu verfälschen würde, wenn man den Versuch machte, sie gegen exakte wissenschaftliche Einsichten ins Feld zu führen.

Auch um den früher so gerne bemühten »intellektuellen Zweifel« ist es heute viel stiller geworden. Dazu gab nicht nur die Erfahrung der Katastrophen zweier Weltkriege Anlaß, in denen sich die absolute

[1] die »Zweifel« des »modernen Menschen« werden heute zwar allenthalben beschworen, aber theologisch kaum irgendwo gründlich zum Gegenstand eingehender Überlegungen gemacht (wobei Paul Tillich eine rühmliche Ausnahme bildet). Um zwei (beliebig ausgewählte) Beispiele anzuführen: weder das Werk: »Theologie für Nichttheologen. ABC protestantischen Denkens«, 1966 u. ö., noch das kleine Nachschlagewerk: »Theologie. VI x 12 Hauptbegriffe«, 1967 u. ö., die beide ganz speziell für interessierte Nichttheologen geschrieben sind, enthalten ein Stichwort »Zweifel«!

Fragwürdigkeit menschlicher Intelligenz offenbarte, sondern auch die von rein profanen Wissenschaften bereitgestellte Deutung seelischer und weltanschaulicher Grundphänomene als trans-rationaler Größen, die weder mit dem Intellekt zu begründen noch auch durch ihn zu widerlegen sind. Dem christlichen Glauben im Sinne des biblischen »Vertrauens«, das seine Existenz von einem göttlichen Du gesetzt und gehalten weiß (auch dann, wenn unser Verstand nicht mehr in der Lage ist, der Welt und unserem persönlichen Leben eine logisch befriedigende Deutung zu verleihen), wurde dadurch seine ureigene Dimension zurückgegeben oder ganz neu erschlossen. Wenn ein sich persönlich von der traditionellen christlichen Frömmigkeit so bewußt zurückhaltender Wissenschaftler wie C. G. Jung sagen konnte, er habe in seiner Klinik noch nie einen Menschen jenseits des 50. Lebensjahres gehabt, dessen tiefstes Problem nicht das des Glaubens oder Unglaubens gewesen sei, dann spricht ein solches Urteil ebenso für sich wie das eines bekannten Psychiatrie-Professors (W. Schulte), der vor einigen Jahren auf einem ärztlichen Kongreß zur Frage der modernen »Lebensangst« erklärte, diese unheilbare und unheimlichste aller heutigen psychopathologischen Erscheinungen lasse sich letztlich nicht mehr medizinisch, sondern nur noch aus der (nicht mehr gelebten) Gottes-Beziehung des Menschen unserer Zeit sachgerecht deuten.

a) Das Licht des Glaubens und der Schatten des Zweifels

Wenn wir uns im folgenden vorwiegend mit den Fragen und Problemen des sogenannten »historischen« Zweifels beschäftigen, so tun wir das deswegen, weil um diese Gestalt und Äußerungsform des Zweifels in den letzten Jahrzehnten am meisten gekämpft und auch heute noch in vielen Kreisen leidenschaftlich diskutiert wird. Dabei gehen unsere Überlegungen von der Erkenntnis und Überzeugung aus, daß Glaube und Zweifel keine exklusiven (das heißt: sich gegenseitig ausschließenden) Größen sind. Mit anderen Worten: der Glaube bringt den Zweifel nie ein für allemal »hinter« sich. Er begegnet ihm vielmehr ständig und muß sich mit ihm auseinandersetzen, um ihn so zu überwinden und sich gegen ihn stets neu auf Gottes Zusage zu verlassen und ihr allein ein letztes Vertrauen zu schenken.

Was damit gemeint ist, zeigt schon ein flüchtiger Blick in die urchristlichen Evangelien. Bereits dort nagt der Wurm des Zweifels am Mark der gerade aufgekeimten Glaubenspflanze.

So war zum Beispiel (nach dem Bericht der Evangelien) der erste Mensch, der die Auferstehung Jesu bezweifelte, nicht etwa ein »Außenstehender«, sondern ein Jünger aus der engsten Umgebung Jesu! Warum, so könnte man fragen, soll es dem Menschen des 20. Jahrhunderts in diesem Punkt grundsätzlich anders und besser ergehen als dem Thomas? Das Gespräch über den Zweifel kann jedoch nur dann einen guten Anfang nehmen und Aussicht auf Erfolg haben, wenn wir uns zuvor unsere eigenen Zweifel eingestehen und bereit sind, offen über sie zu reden.

b) Was ist mit »Zweifel« eigentlich gemeint?

Unser neuhochdeutsches Wort »Zweifel« hieß im Althochdeutschen »zuifal« und ist dort durch die Abhängung eines f und der Endsilbe »al« an das Zahlwort »zwei« entstanden. Zweifel meint also ursprünglich nichts anderes, als unentschieden zwischen zwei Möglichkeiten zu stehen. Wir müssen auf diese eigentliche Bedeutung des Wortes zurückgreifen, wenn wir den rein negativen Klang abblenden wollen, den es für unser Empfinden (und dies besonders in der religiösen Sprache) gewonnen hat. Der Zweifler ist ursprünglich kein anderer als der Unentschiedene oder auch der Nicht-mehr-ganz-Entschiedene, der in seinem Glauben Zwei-Deutige, aus der Ein-falt in den Zwie-spalt Getretene.

In jedem Falle aber ist der Zweifler in irgendeiner Form von dem betroffen und bewegt, was er be-zwei-felt. Wo also redlich gezweifelt wird, vollzieht sich immer ein positiv zu bewertendes Geschehen. Die Zweifler — und gerade sie in besonderer Weise — sind in einem eminenten Sinne an der Sache interessiert, die sie be-zwei-feln. Sie läßt sie nicht los, auch wenn sie ihr am liebsten aus dem Wege gehen möchten.

Der (suchende) Zweifler ist noch unterwegs, er resigniert noch nicht, gibt eine Sache noch nicht auf, mokiert sich nicht einfach nur über die Bibel. In einem Bild gesprochen: im Bach des Zweifels fließt das Wasser noch. Im Teich der höhnischen Ablehnung wird es stickig und faul.

Wie es in einem solchen »Teich« aussieht, mag ein Beispiel verdeutlichen. 1961 erschien ein Taschenbuch, das den Titel trug: »Was halten Sie vom Christentum?«.

Ein Schriftsteller hatte auf eine Anfrage hin Antworten von 18 bedeutenden Vertretern des modernen geistigen Lebens bekommen — von Juden, Katholiken, Evangelischen, Indifferenten und dezidierten Atheisten.

Ein deutscher Dichter umschrieb seine Haltung gegenüber der Bibel unter anderem mit folgenden Argumenten:

»Solange man als die reinste Quelle »Göttlicher Wahrheit«, als heilige Norm der »Vollendetsten Moral«, als Grundlage von Staatsreligion ein Buch mit, milde gerechnet, 50 000 Textvarianten (also pro Druckseite durchschnittlich 30 strittige Stellen!) proklamiert; dessen Inhalt widerspruchsvoll und oft dunkel ist; selten auf das außerpalästinensische Leben bezogen; und dessen brauchbares Gute (schon vor ihm und zum Teil besser bekannt) auf unhaltbaren Gründen eines verdächtig-finsteren theosophischen Enthusiasmus beruht: solange verdienen wir die Regierungen und Zustände, die wir haben! ...
Muß ich noch erwähnen, daß man aus ein und derselben Bibel gleichwertige Argumente und Beispiele holen kann: für und wider Krieg und Frieden; / für Einehe oder Polygamie; (und *was* gibt es da für göttlich genehmigte Finessen: Sadika- und Leviratsehe; Brautraub und -kauf; Sklavinnen, Konkubinen und »Ehen auf Zeit« — mehr als im rötesten Rußland!) / für orientalisch-anmutigste Lüsternheit ebenso wie für die Selbstkastrierung der Skopzen; / »in coena domini« verflucht man sich gegenseitig periodisch, / die Mormonen nennen sich Christen und belegen es mit so vielen Bibelzitaten, daß einem der Kopf schwindelt; / dazu die endlosen inneren Widersprüche, auch der Evangelien, à la »Wolfenbüttler Fragmente«: da kann doch wohl von einer »einfachen, selbstverständlichen, leicht faßlichen Wahrheit« nicht die Rede sein! (und ich warne hier gleich einmal alle »ernsthaften Bibelforscher« vor den kursierenden Übersetzungen!)«[2].

An diesem Urteil über die Bibel ist nichts zweideutig oder unklar. Hier scheint jemand zu schreiben, der »außer« allem Zweifel lebt. Aber es wird einem seltsam zumute, wenn man diese Zeilen zum zweiten und dritten Male liest: »50 000 Textvarianten ...; Inhalt widerspruchsvoll und oft dunkel ...; selten auf das außerpalästinensische Leben bezogen ...«!
Der Autor berichtet in der Autobiographie, die seinen Ausführungen vorangestellt ist, er habe einige Semester Mathematik studiert. Welch ein Glück, könnte man sagen, daß es Mathematik war! Was würde und könnte er erst schreiben und aufzählen, hätte er statt dessen gründlich Theologie studiert? Er wüßte dann noch wesentlich mehr und

[2] aus: K.-H. Deschner (Hrsg.), Was halten Sie vom Christentum? (List-Bücher 105), S. 64, 66 und 67.

wesentlich schwerwiegendere »Mängel« der Bibel aufzudecken und beim Namen zu nennen. Aber, so muß man doch fragen, lohnt es sich wirklich, auf dieser Basis (und nur auf ihr) an der Bibel zu zweifeln? Könnte es nicht einen Zugang zu ihrem eigentlichen Inhalt geben, der durchaus ihren Mängeln bewußt ins Auge sieht und sie weder leugnet noch mit fadenscheinigen Argumenten herunterspielt, aber trotzdem (wenigstens) offenbleibt für die Frage, ob uns nicht vielleicht doch in der Bibel eine Gestalt der Wahrheit begegne, die sich dem Suchenden und Zweifelnden nicht *neben,* sondern *inmitten* aller seiner Zweifel zeigen will?

Karl Heim sagte in dem oben erwähnten Vortrag von 1905 im Blick auf den geschichtlichen Zweifel:

> »Ähnlich wie mit diesen Naturfragen, ist es mit den Problemen des Lebens Jesu. Wem einmal diese Probleme an die Seele gegriffen haben, der kommt innerlich nicht zur Ruhe, wenn man ihm einige blendende Argumente für die Echtheit des Johannesevangeliums angibt und einige Warnungen vor der atheistischen Geschichtskonstruktion der modernen Theologie hinzufügt. Gerade bei dieser wichtigsten Frage wird es ihm ein heiliges Gewissensanliegen sein, alle Zeugen zu hören und gerade die Instanzen, die seinem innersten Bedürfnis entgegen sind, nur um so rückhaltloser auf sich wirken zu lassen. Freilich, je länger wir versuchen, uns möglichst ohne dogmatisches Vorurteil, ohne Stellungnahme für oder gegen Wunder und Dämonenglauben, in das wunderbare Material zu versenken und das zeitgeschichtliche Medium zu studieren, durch das die Nachrichten von Jesus hindurchgegangen sind und das sie verändert haben kann, desto deutlicher sehen wir, daß die Wolken um den Berg her immer dichter werden, je höher die historische Untersuchung dem Gipfel entgegensteigt, daß die exakte philologische Stellenvergleichung an das letzte Rätsel dieses einzigartigen Lebens gar nicht herankommen kann, von dessen Lösung dann wieder das Verständnis alles einzelnen abhängt. Nachdem alle in Betracht kommenden Zeugen bis zu Papias und Josephus und Sueton peinlich verhört sind, können die unparteiischen wissenschaftlichen Geschworenen ebensowenig wie seine damaligen Richter darüber einig werden, ob hier eine Gotteslästerung vorliegt oder eine Gottesoffenbarung, eine Täuschung, die epidemisch um sich griff, oder die Wahrheit selber«[3].

[3] a.a.O., S. 533.

c) Andere Gestalten des Zweifels

Aber nicht nur die Bibel, ihre Überlieferung und Auslegung stürzen uns in immer neue Zweifel.

Warum — so kann man es in vielen Gesprächen hören — greift Gott nicht in Vietnam ein, wenn er allmächtig und gerecht ist?

Warum müssen täglich immer noch Tausende von Menschen verhungern, obwohl gleichzeitig Lebensmittel systematisch vernichtet werden?

Warum fallen immer wieder völlig unschuldige Menschen Verkehrsunfällen, Bombenanschlägen oder Erdbeben zum Opfer?

Oder denken wir an die moderne Philosophie und Literatur! Machen sie uns nicht vielfach deutlich, daß unser Leben keinen Sinn habe? Daß wir dazu verurteilt seien, in einem Gefängnis unsere angebliche »Freiheit« nur dazu zu mißbrauchen, daß wir uns gegenseitig plagen und peinigen?

Die Kette solcher Fragen ließe sich beliebig fortsetzen. Sie zeigt in jedem Falle, wie groß die »Kapazität des Zweifels« ist, die wir alle (bewußt oder auch unbewußt) in uns tragen. Mag sein, daß sie uns über lange Zeiträume hin nicht beschwert und in Ruhe läßt. Dann aber kann plötzlich irgendein Ereignis über unser Leben hereinbrechen — und schon nimmt die Lawine des Zweifels ihren unheilvollen Lauf und scheint alles unter sich zu begraben, was uns vorher fest und unerschütterlich dünkte.

d) Der Zweifel als »Gehilfe« des Glaubens?

Kann man angesichts aller dieser Bedenken noch glauben? Lassen sich Christusglaube und Zweifel in ein und demselben Menschen neben- und miteinander denken? Sind sie nicht ebenso unvereinbar wie etwa Feuer und Wasser? Es hat einmal jemand gesagt, nächst der Sünde sei der Zweifel das größte Hindernis für Gottes Wirken an uns.

Zweifeln wird immer nur der, der gleichsam einen Widerhaken in sich trägt, der von einer Sache nicht nur berührt, sondern gefangengenommen ist.

Bedenken wir dazu, daß im Neuen Testament der Glaube der Jünger nicht aus einer optimistischen Atmosphäre erwuchs, sondern aus der Nacht des tiefsten Zweifels, der absoluten Aussichtslosigkeit. Ist unser Glaube je und dann durch diese Nacht hindurchgegangen oder kennen wir solche Anfechtungen gar nicht? Dann müßte man fragen, ob er überhaupt Glaube im biblischen Sinne ist, das heißt ein Vertrauen auf Gottes Zusage, das sich auch da an Ihn hält, wo nichts zu sehen und zu fühlen ist.

Ricarda Huch hat einmal geschrieben, der »Adlerweg« des Glaubens sei »pfeilerlos und geländerlos«, aber gerade darum der sicherste Weg zum Ziel.

In diesem Zusammenhang könnte man das Wort Jesu an Thomas aus dem Johannesevangelium zitieren: »Dieweil du gesehen hast, Thomas, glaubst du. Selig sind, die nicht sehen und doch glauben« (Johannes 20,29).

Die Gestalt des Thomas zeigt deutlich, daß nach dem Zeugnis der Bibel der Zweifelnde nicht verloren ist, wenn er der Begegnung mit Christus nicht ausweicht. Die Verkündigung der Kirche ist unter anderem dazu da, daß sie Zweifelnden deutlich macht, daß sie in und mit ihrem Zweifel zum Glauben gerufen sind. Wir wären schlechte Prediger, wollten wir nur die zum Glauben aufrufen, die sich zuvor den Zweifel radikal abgewöhnt hätten! Dann würden wir vergessen, daß der Glaube sich immer vom Untergrund des Zweifels abheben, daß er das trotzige »Dennoch« sprechen muß, um überhaupt rechter Glaube zu sein.

Die Bibel macht an zahllosen Stellen deutlich, daß der Glaube ein Vertrauen auf etwas ist, was man nicht sieht, ein Sich-Gründen auf Gottes Zusage. So heißt es in Hebr. 11 von Mose: »Er hielt sich an den, den er nicht sah, als sähe er ihn«; oder von Noah, daß er einen Befehl empfing von dem, was man noch nicht sah oder von Abraham, daß er auf Gottes Ruf hin auszog, ohne zu wissen, wohin er käme.

Wo der Zweifel nicht aufbricht, hat der Glaube keine Chance, kann er sein »Dennoch« nicht sprechen und sich nicht gegen allen Schein auf Gottes Wort verlassen.

Darum brauchen wir keine der Nöte zu leugnen, in die der Zweifel uns zu stürzen vermag. Wir dürfen sie sehr nüchtern sehen und uns eingestehen.

Keine Wissenschaft wird uns je den Beweis dafür antreten können, daß die biblischen Wunder wirklich in der Form geschehen sind, wie sie uns in den Evangelien berichtet werden. Daß der massive Glaube an Dämonen, wie wir ihn im Neuen Testament finden, für uns im Horizont der modernen Medizin denkende Menschen noch möglich ist. Wir werden auch mit den besten wissenschaftlichen Methoden niemals unzweifelhaft Sicherheit darüber gewinnen, durch welche Medien die Berichte über Jesu Worte und Taten hindurchgegangen sind, ehe sie in den Evangelien ihren Niederschlag fanden. Und selbst wenn wir an allen diesen Punkten die niemals erreichbare Klarheit und Eindeutigkeit erarbeitet hätten, wäre uns die letzte, alles entscheidende Frage immer noch zur eigenen Stellungnahme vorgelegt: ob Jesus mit

seinem Anspruch, der Weg, die Wahrheit und das Leben im Vollsinne zu sein, recht hat oder einer Selbsttäuschung erlegen ist.
Hier geht es um eine andere Kategorie als um die des Wissens und Beweisens!
Da der Glaube kein starres Stehen auf einem festen Punkt und kein ein für allemal zu gewinnender Besitz ist, sondern die ständig neu zu vollziehende und darum auch ständig bedrohte Wechselwirkung von göttlicher Zusage und menschlichem Vertrauen, gehört der Zweifel wesensnotwendig mit zum Glauben, gehört er so zu ihm, wie der Schatten zum Licht der Sonne gehört. Niemand, der glauben möchte, braucht sich darum des Zweifels zu schämen oder sich wegen des Zweifels den Glauben abzusprechen. Der Zweifel wird nur dort zum Todfeind des Glaubens, wo wir auf den Schatten starren statt nach der Sonne zu sehen, das heißt wo wir den Zweifel um des Zweifels willen suchen — und nicht mehr sehnlich auf den Tag des Glaubens warten, damit er die Nacht des Zweifels unterbreche. Der Zweifel als Prinzip, als Ausflucht oder als dauerhafter Vorwand gegen den Ruf zum Glauben, darf dort keinen Platz haben, wo Menschen ernsthaft nach Gott fragen. Denn er will sich selber behaupten und wartet nicht auf die Gewißheit, um die es in und nach allem Zweifeln geht.

e) Vom »teuren« und vom »billigen« Zweifel

Zweifel als Dauerzustand ist ein Widerspruch in sich selbst, eine Spielerei, die dem echten, schweren Zweifel seinen bitteren Ernst raubt. Karl Heim beschrieb diesen — wie ich sagen möchte — »teuren Zweifel« einmal so:

> »Freilich, die andere Seite der Sache dürfen wir nicht verschweigen, wenn wir wahr sein wollen ... So stehen wir vor dem tragischen Konflikt: Auf der einen Seite wird der Zweifel aus dem beginnenden Vertrauen geboren, auf der anderen Seite ist er des Glaubens größtes Hindernis. Und es entsteht die Frage: Warum müssen wir die Last dieser tragischen Kollision tragen? Haben wir nicht genug an der Sünde, die uns wie einen Prometheus an die Erde schmiedet? Warum muß uns noch überdies diese Wolke von Fragen die Sonne verfinstern?«[4]

Das Evangelium von Jesus Christus ist ein solcher Brief, durch den Gott auch heute noch Menschen ein Rettungsangebot macht. Man mag

[4] a.a.O., S. 527 f.

diesen Brief auf »Schreibfehler« durchsehen, das heißt im einzelnen nachrechnen, wieviele Textvarianten wohl in der Bibel enthalten sind. Aber damit trifft man in keiner Form das, was uns der Brief eigentlich sagen will.
Die Bibel enthält ein unvergleichlich großes Angebot Gottes an uns Menschen. Sie berichtet uns, daß er brennend an uns interessiert ist, daß er von seiner Seite aus alles getan hat und tut, um in Kontakt mit uns zu kommen. Er hat uns Jesus Christus als seinen bevollmächtigten »Verbindungs-Mann« geschickt, damit er uns verbindlich sage, wie Gott zu uns steht, was er von uns denkt und für uns will. Die Kirche nannte seit alters diese für unser Leben entscheidende Mitteilung Gottes »die Botschaft der Bibel«.
Der (biblisch verstandene) Glaube, der sich auf Gottes Zusage verläßt, braucht den Zweifel nicht zu scheuen und muß auch nicht so tun, als gäbe es in und an der Bibel nichts zum Zweifeln.

f) Vom Glauben inmitten des Zweifels

Nachdem die modernen Kommunikationsmittel (Zeitung, Illustrierte, Taschenbücher, Radio und Fernsehen) seit geraumer Zeit auch die Probleme der historischen und kritischen Erforschung der Bibel weitesten Kreisen unserer Bevölkerung bekanntgemacht und nahegebracht haben, müssen wir diese Fragen in aller Offenheit und Gesprächsbereitschaft miteinander diskutieren. Dabei wird es ganz entscheidend darauf ankommen, daß wir den »Zweifler in uns selbst« nicht verdrängen und so tun, als sei uns selbst alles sonnenklar und wir würden nie auch nur vom leisesten Zweifel umgetrieben. Die Bibel ist nicht dazu da, uns ein lückenloses oder unanfechtbares »System der christlichen Wahrheit« anzubieten, das wir dann Wort für Wort (oder gar Buchstabe für Buchstabe) zu »glauben« hätten.
Viele Fragen und Rätsel, die uns die Bibel aufgibt, werden sich für immer der Durchdringung durch unseren menschlichen Geist widersetzen. Auch unser theologisches Wissen wird (bis in seine höchsten »Spitzen« hinein) zu aller Zeit »Stück-Werk« bleiben. Aber dieser Umstand ist für den Glauben ebensowenig eine Gefahr wie der historische und alle anderen Zweifel, wenigstens keine Gefahr, die ihn verunmöglichen oder zum Erliegen bringen müßte. Denn der Glaube vernimmt gerade in seiner Bedrohung durch die verschiedenen Gestalten des Zweifels immer neu jenes befreiende Wort, das einst Jesus zu seinen Jüngern in einer stürmischen und kritischen Nacht sprach: »Seid getrost, icht bin's; fürchtet euch nicht« (Matthäus 14,27).

Weiterführende Fragen und Anstöße

> Warum wäre der Glaube ohne Anfechtung und Zweifel kein wirklicher »Glaube« mehr?

> Worin sehen Sie den wesenhaften Unterschied zwischen dem »teuren« und dem »billigen« Zweifel?

> Formulieren Sie im Gespräch mit anderen diejenigen Zweifel und Unklarheiten im Blick auf Gott, Jesus Christus und die Bibel, die Ihnen die größten Schwierigkeiten bereiten!

Weiterführende Literatur

G. Rein (Hrsg.), Dialog mit dem Zweifel, 1969

3. Die Predigt von Gericht und Gnade – ein endgültig »überholtes« Thema?

Wird die Kirche nicht zum »Generalvertreter der Weltfremdheit«, wenn sie heute noch darauf besteht, in ihrer Predigt von »Gericht und Gnade« zu sprechen? Wäre es nicht besser, so fragen manche unserer Zeitgenossen, sie würde die Menschen dazu erziehen, ihren Mitmenschen »gnädige Nächste« zu werden und sich in dieser wahrhaft steilen Kunst zu üben, statt sich mit Fragen des Glaubens und der Theologie zu beschäftigen?

Während die biblische Gnade wenigstens noch — sozusagen — als Eigenschaftswort (in dezimierter Gestalt) weiterleben darf, ist mit dem sogenannten »Gericht« heute ganz und gar kein Staat mehr zu machen. Entspricht dieser Begriff nicht einer Gottesauffassung, die in das finstere Mittelalter unbewußter menschlicher Projektionen gehört, durch die man das auf Gott übertragen wollte, womit man in sich selber nicht fertig wurde, nämlich jenen Sadismus, dessen größte Freude am Leiden anderer erwächst?

Ein Blick auf die Geschichte der Kirche zeigt uns sehr schnell, daß das rechte Reden von Gericht und Gnade nichts Selbstverständliches war und ist, sondern daß die Kirche zu vielen Zeiten von der Gefahr bedroht war, ihre eigene Sache zu vergessen beziehungsweise hintenanzustellen und andere Dinge zu sagen und zu tun, von denen sie meinte, sie seien weit dringlicher und wichtiger als die Predigt von Gericht und Gnade. Wenn ich mich nicht ganz täusche, leben wir heute in einer Zeit, in der dieses Thema nicht auf breite Zustimmung hoffen kann. Innerhalb der Kirchen selbst werden Stimmen laut, die uns suggerieren wollen, man möge doch endlich die alten Gerichts- und Gnaden-Zöpfe abschneiden, um zur heutigen Welt, zu den Fragen der Gegenwart durchzustoßen. Es hat durchaus etwas Verfängliches an sich, wenn dabei gefordert wird, mit der alten, verstaubten Dogmatik aufzuräumen und dafür alle Kraft an die gesellschaftstherapeutische Aufgabe und an den Öffentlichkeits-Auftrag der Kirche zu setzen.

Jedes Jahr feiern die evangelischen Kirchen das Reformationsfest. Wenn sie damit nicht nur eine Routineübung vollziehen, müßten sie sich selber die Frage auf die Seele brennen: wie steht es heute unter uns mit der reformatorischen Ur-Frage nach dem gnädigen Gott? Wer meint, er könne diese Frage für belanglos erklären oder sie durch die Frage nach dem »gnädigen Nächsten« ersetzen, mag durchaus eine in unserer Zeit vorhandene Stimmung richtig sehen und wiedergeben. Aber die entscheidende Frage für die Kirche ist und war nie die, ob sie die Stimmung ihrer Zeit richtig einschätzte und dann bei ihrer »Programmgestaltung« auch entsprechend berücksichtigte. Wo immer Kirchen meinten, das tun zu müssen, haben sie allzu schnell vergessen und übersehen, daß sie dabei nicht etwa ihrer Zeit besonders nahekamen, sondern im letzten an dieser Zeit vorbeilebten und ihr das entscheidende Wort schuldig blieben. *Die Predigt von Gericht und Gnade,* davon wollen wir ausgehen, *ist zu keiner Zeit der Kirchengeschichte eine Selbstverständlichkeit gewesen. Sie ist es darum auch heute nicht.* Das biblische Wort von Gericht und Gnade wächst nicht auf dem Boden unserer natürlichen Frömmigkeit und Religiosität, sondern muß sich — von Gott herkommend — immer gegen unsere ganz andersartigen Tendenzen bemerkbar machen und durchsetzen. Es ist ein Wort, das uns da, wo es uns erreicht, in der Abwehrhaltung gegenüber Gott und Seinem Gericht (*und* Seiner Gnade) trifft.

Es ist — anders gesagt — ein »verbum alienum«, nicht ein in uns liegendes »verbum proprium«, das wir nur jeweils aus uns herausholen und weitergeben müßten. Es steht uns nicht zur Verfügung, sondern muß uns immer neu gesagt und von außen her über-eignet werden.

Darum ist die Frage nach der rechten Predigt von Gericht und Gnade keine theologische und kirchliche Frage neben vielen anderen, sondern die Ur- und Zentralfrage der Kirche, die Frage nach ihrem Auftrag und ihrem Selbstverständnis. Für die lutherischen Kirchen ist sie von ihren ersten Anfängen an die »Frage aller Fragen« gewesen, da sie ihren Ursprung in der unerbittlichen Frage nach dem gnädigen Gott haben. Ich halte es für ein sehr bedenkliches Zeichen, wenn heute auch diese Kirchen bisweilen nicht mehr genau wissen, wozu sie eigentlich da sind und was sie in der Gegenwart sagen sollen, wenn sie beginnen, sich quasi dafür zu entschuldigen, daß sie an den Fundamenten, denen sie ihr Dasein verdanken, heute noch festhalten und sie gegen den stürmischen Zeitgeist mit seinen ganz andersartigen Forderungen bewahren wollen.

Es wäre eine arge Selbsttäuschung, wenn auch die lutherischen Kirchen eines Tages meinten, sie müßten sich entweder dem Zeitgeist anpassen, der weder vom Gericht noch von der Gnade etwas hören will, oder wenn sie gar zu dem Schluß kämen, es lohne sich nicht mehr, ihre Stimmen im großen ökumenischen Chor, in dem zahllose theologische Stimmen und Meinungen durcheinandertönen, überhaupt noch deutlich zu Gehör zu bringen.

Wir müssen uns vielmehr darüber im klaren sein, daß sich an unserer

Stellung zu dieser Frage für unsere Kirchen schlechthin alles entscheiden wird. Und zwar nicht in dem Sinne, daß wir auf »stur« schalten, um ein konfessionelles Fündlein nicht aufgeben zu müssen, sondern im Sinne der Alternative, ob wir uns für Gottes Wort an uns entscheiden oder es durch Menschenworte ersetzen wollen.

Menschenworte sind Worte, die wir uns selber aus unserem Eigenen heraus sagen können, Worte, für die es keiner Offenbarung, keiner göttlichen Kondeszendenz bedarf, Worte, mit denen wir uns selber über unseren Zustand orientieren und — wie man heute so treffend sagt — informieren, um dann zu meinen, wir seien wirklich zureichend über unsere wahre Lage aufgeklärt.

An Martin Luther können wir in diesem Zusammenhang das eine lernen, daß seine Theologie, da wo sie ihr Zentrum, ihr »Herz« hat, nicht aus Selbst-Aufklärung besteht. Sie lebt von einem »fremden« Wort, das sich niemand selber sagen kann, von einem Wort, das allem, was wir über uns selber meinen, diametral entgegensteht: das die menschliche Werkgerechtigkeit als Feindschaft gegen das Evangelium entlarvt und die scheinfromme Demut vor Gott in Hochmut verwandelt. Das uns nur sagen kann, daß wir vor Gott schlechthin Verworfene sind, die sich im ganzen verfehlt und und ihre Existenzberechtigung vor dem Dreimalheiligen für immer verwirkt haben. Es hätte keine Reformation gegeben, hätte nicht Gott einen bestimmten Menschen, nämlich Martin Luther, diese Erfahrungen in tiefster Einsamkeit und Verzweiflung durchleiden lassen.

Wir haben uns zu sehr daran gewöhnt, das Christentum in ein paar belanglose religiöse Sanftheiten zu verwandeln, als daß wir die ursprüngliche Wucht und Kraft dieser Erfahrung noch schätzen oder für uns selber praktizieren könnten. Wir schielen dafür mit beiden Augen nach dem Zeitgeist und versuchen alles, um *ihn* ja nicht zu gering zu bewerten und in unserer Predigt und unserem Unterricht nicht zu kurz kommen zu lassen.

Aber sind wir nicht gerade dadurch schwach und hilflos geworden? Die Gefahren unserer Gegenwart bestehen — im Gegensatz zu denen, die für das Spätmittelalter und für Martin Luther virulent waren — für gewöhnlich nicht mehr darin, daß wir einer irreführenden Selbst- und Werkgerechtigkeit verfallen wären, um von dieser das Heil zu erwarten, das uns nur Gott durch Jesus Christus schenken kann. Wenn wir heute von Gericht und Gnade sprechen, dann müssen wir das im Kontext unserer eigenen Zeit tun. Denn die Botschaft vom richtenden und rettenden Gott trifft nie ins Blaue oder Leere, sondern immer auf konkrete Menschen mit bestimmten Erfahrungen.

Unser heutiger Erfahrungs-Hintergrund ist nicht das werksüchtige Mittelalter, sondern die säkularistische Neuzeit, die den Menschen dadurch zu befreien vermeinte, daß sie ihn aller theonomen Bindundungen entledigen wollte. Für unsere Welt ergibt sich Gottes Gericht weniger aus unseren selbstgewählten frommen Werken, als aus unseren selbstgewählten unfrommen Wegen, weniger aus der werkbezogenen Ableitung von Ansprüchen gegenüber Gott, als aus der indifferentistischen Gleichgültigkeit gegenüber Seinem Gericht und Seiner Gnade. Wir spielen weniger Werke und Gnade gegeneinander aus als Autonomie und Theonomie. Wir wollen uns nicht durch Werke an Gott binden, sondern durch religiöse Emanzipation von Ihm loskommen, uns auf eigene Füße stellen. Aber der auf eigenen Füßen stehende, religiös emanzipierte Mensch ist im tiefsten Grunde ja gar kein wesentlich anderer als der, der meinte, mit Hilfe seiner guten Werke auf festem eigenen Boden stehen zu können!
Die neuzeitliche Ideologie von der Autonomie des Menschen hat ihn ja nicht aus vermeintlichen religiösen Bindungen befreit, sondern — ganz im Gegenteil — ihn in die Ketten von Ideologien und Weltanschauungen gelegt, ihm keine wahre, sondern eine bedrückende »Freiheit« gebracht, vor der er sich letztlich nur ängstigt.
Dieser nur zum Schein und niemals wirklich und real emanzipierte Mensch ist heute in vielen Fällen das Gegenüber zum Evangelium. Mit diesem Menschen haben wir es weithin zu tun. Ihm sollen wir Gericht und Gnade predigen. Wie sollen wir ihm beides sagen, und zwar so, daß er niemals das eine ohne das andere, sondern immer beides miteinander hört? Gottes Gericht trifft uns immer dort, wo wir konkret Sünder sind. Es ergeht nicht in der Form einer zeitlosen Wahrheit oder religiöser Parolen, sondern in der Gestalt eines klaren Wortes, das unsere aktuelle Situation trifft. Man kann es daran relativ leicht von Menschenworten unterscheiden, daß es immer zuerst ein Mahnwort und ein Bußruf an die Kirchen selber ist. Es hat prophetischen, nicht primär sachlich-informierenden Charakter. Noch heute unterscheidet sich falsche von wahrer Prophetie unter anderem dadurch, daß die falsche Prophetie keinen Schaden in der Kirche sieht, während die wahre Prophetie »am grünen Holze« ansetzt und dessen Fäulniszustand aufzeigt. Mit anderen Worten: jedes Gespräch über die Predigt von Gericht und Gnade setzt — wenn es hilfreich und fruchtbar sein soll — voraus, daß wir aufgrund des göttlichen Wortes mit der Selbstbesinnung beginnen. Daß wir uns fragen, was uns so zaghaft und vorsichtig gemacht hat, eindeutig über Gericht und Gnade zu predigen, was uns dazu verleitete, an dieser entscheidenden Stelle

leise zu treten oder stumme Hunde zu werden, nach Aktuellem zu jagen, ohne dabei zu merken, daß gerade diese Sucht es ist, die uns so erbärmlich un-aktuell macht.

Denn nichts läßt die Kirche un-aktueller werden, als daß sie um jeden Preis aktuell sein möchte!

Wie oft haben das etwa die deutschen Kirchen in ihrer Geschichte gewollt — um gerade in entscheidenden Situationen ohne das lösende und richtungsweisende Wort zu sein.

Vergessen wir nicht, daß die lutherische Theologie ihre unaustauchbare und damit unverlierbare Wurzel in der theologia crucis des Wittenberger Reformators hat, daß die lutherischen Kirchen nur dann ihrem Auftrag treubleiben, wenn sie diese Wurzel niemals preisgeben oder gegen irgendwelche religiösen Parolen und Programme austauschen. Wer bei der *theologia crucis* bleibt, muß beim Gericht Gottes über den Menschen bleiben. Beides ist identisch miteinander. Wer vom Gekreuzigten spricht, kann vom Menschen nur als vo einem Sünder sprechen. Wer Jesu Sterben am Kreuz nicht nur als Folge eines bedauerlichen Justiz-Irrtums, sondern als eine Tat Gottes versteht, kann menschliche Sünde nicht für eine Lappalie halten.

Die neo-mystische Imitations-Christologie der Gegenwart, die in Jesus lediglich den sehen will, der uns durch sein Verhalten gezeigt hat, wie man sich ethisch richtig verhält, droht uns den Zugang zum Gekreuzigten und damit auch zu Gottes Gericht zu versperren. Jesus als das Beispiel für religiös und moralisch richtiges Verhalten ist nicht mehr der Retter, den uns das Neue Testament und unsere Passionslieder zeigen, der, der uns aus der Macht der Finsternis befreit (vgl. Kol. 1,13)[1].

Theologisch gesagt: es entscheidet sich in und an unserer Christologie, was wir sachlich über Gericht und Gnade zu verkündigen haben! *Daß Gott den einzig Gerechten für uns, die Ungerechten, sterben läßt und dem Tode preisgibt, das sprengt alle, schlechthin alle denkbaren ethischen Kategorien.* Das liegt weit jenseits all unseres Tuns oder auch Nichtstuns.

Wo die Kirche es nicht mehr wagt, von dieser Paradoxie aller Paradoxien auszugehen, wird sie zwar viel reden, aber wenig Belangvolles sagen können. Es kommt heute nicht darauf an, daß wir möglichst in jeder Predigt unseren höchst aktuellen Wissensstand unter Beweis

[1] was *theologisch* (und zwar sehr kritisch!) zu dieser heute weitverbreiteten Form von »Christologie« zu sagen ist, habe ich in »Ursprung und Aufbruch« (S. 183 ff., bes. S. 188) angedeutet.

stellen, indem wir zu allen Tagesereignissen etwas zu sagen haben. Das *kann* da und dort sein, darf aber niemals unser ureigenes Wort verdunkeln oder in den Hintergrund drängen.

Die Predigt vom Gericht Gottes über uns erscheint heute unmodern. Man wendet gegen sie ein, wir hätten doch ganz andere, viel vordringlichere Probleme. Wann aber, so möchte ich sehr ernst fragen, haben Menschen in in- und außerhalb der Kirche das etwa nicht gemeint? Wann haben wir das Wort vom Gericht Gottes über uns gerne und ohne innere Widerstände vernommen? Wenn wir heute bisweilen meinen, es sei an der Zeit, über dieses Wort endlich hinauszukommen, es für immer hinter uns zu lassen, so befinden wir uns damit in einer Gefahr, die die Kirche zu allen Zeiten bedroht und in den Irrtum geführt hat. Nicht umsonst hat Martin Luther für die Kirche nichts mehr gefürchtet, als daß sie eine »ecclesia triumphans« werde und die *theologia crucis* hinter sich lasse, um sich der theologia gloriae zu verschreiben. Wer die Botschaft vom Gericht aus der christlichen Verkündigung streicht, wer den Crucifixus — im wörtlichen oder im übertragenen Sinne — aus der Kirche entfernt, der huldigt einer verderblichen theologia gloriae. Ich meine, es sei kein theologischer Luxus, *heute* auf diesen Sachverhalt hinzuweisen!

Ohne den Gekreuzigten wird unser Wort vom Gericht Gottes zu einer hohlen Phrase, zu einem leeren Gerede, das uns im Grunde nichts angeht. Ohne das Kreuz wissen wir nicht, wie es vor Gott um uns steht. Am Kreuz und durch das Kreuz zerbricht Gott alle unsere Illusionen über uns selbst — die frommen ebenso wie die gottlosen.

Das Kreuz erweist *uns* als die schlechthin Verworfenen, Unwürdigen, von Gott Abgefallenen.

Am Kreuz redet Gott *die* Wahrheit über unser Leben, die wir sonst nirgends erfahren, auch in der Tiefenpsychologie nicht. Ohne diese Wahrheit würden wir Gott, andern und uns selber gegenüber immer nur in der Lüge leben.

Weil wir es mit diesem Wort oft nicht mehr wagen, müssen viele Menschen die vermeintliche »Wahrheit« über ihr Leben bei Psychoanalytikern, Lebensberatern und in modernen Import- (z.B. Yoga!) oder Pseudo-Religionen (z.B. in der sogenannten »Ufologie«) und anderswo suchen. Müssen sie ihre Lebens-Schuld verharmlosen und verdrängen, um sie gerade dadurch in ihrer bitteren Realität zu bestätigen. Wenn wir meinen, es sei heute nicht mehr opportun, von dieser Schuld zu sprechen, so lassen wir die Menschen allein, anstatt sie besser zu verstehen, als sie selber es vermögen.

Luther war der Überzeugung, daß wir nur über den *Deus absconditus* den Weg zum *Deus revelatus* finden. Das heißt: daß *der* Gott gar nie finden kann, der nicht zuvor die Erfahrung gemacht hat, daß unsere eigene Suche nach Gott immer ergebnislos enden muß. Die Predigt vom Gericht Gottes über uns ist nichts anderes als der Hinweis darauf, daß es im Evangelium keinen Weg vom Menschen zu Gott hin gibt. Daß über allen unseren Versuchen ein göttliches »Nein!« steht. Das erscheint uns heute immer noch so ärgerlich und töricht, wie es schon den Menschen des 1. Jahrhunderts erschien. *Aber es hat nie ein anderes Evangelium gegeben als dasjenige, das Menschen als Ärgernis und Torheit empfanden.*

Der Weg zur Gnade Gottes führt über die Predigt vom Gericht Gottes. Alle anderen Wege, die wir gehen wollen, sind theologische Schleichwege, sind — biblisch gesehen — illegale Pfade. Das ältere Luthertum hat um diese Dinge sehr klar gewußt, wenn es von »Gesetz und Evangelium« sprach und beide — trotz aller Zuordnung — nicht miteinander vermengte bzw. ihre Reihenfolge nicht umkehrte. Denn eine solche Umkehrung kann nur zu schnell zur Folge haben, daß das Gesetz dann gar nicht mehr in den Blick kommt bzw. unter den Tisch fällt.

Es hat keine psychologischen Gründe, daß wir bei dieser guten Reihenfolge bleiben. Wir tun es auch nicht, um einer konfessionellen Ideologie treu zu bleiben. Es geht uns vielmehr um das Evangelium. Und dieses Evangelium sagt uns deutlich, daß das Licht in die Finsternis hineinscheint, nicht in einen neutralen Raum, der nur einiger zusätzlicher Beleuchtung bedürfte. Luther hat es zeitlebens abgelehnt und verworfen, Gottes Licht und Gnade nur als jenen Oberbau, als jene »gratia« zu betrachten, die den Unterbau unserer »natura« lediglich (nach oben hin) aufstockt und abrundet. Dieser Gedanke ist ihm unerträglich gewesen, weil er das Evangelium in ein quantitatives Schema preßt und die Sicht für die Tatsache verstellt, daß es keine Brücke zwischen unserer Schuld und Gottes Gnade gibt — außer der, die Gottes Gnade in Christus selber für uns schlägt. *Darum ist der Ernst unserer Gerichtspredigt ein Testfall auf den Ernst unseres Bauens auf das Evangelium, allein auf die Gnade.* Wer Gottes Gericht über uns nicht mehr ernst nimmt, kann auch nie erfahren, was Gottes Gnade ist und bringt. Nicht umsonst hat Martin Luther neben dem Römerbrief kaum etwas in der Bibel mehr geschätzt als die Bußpsalmen. Und das durchaus nicht etwa als Ausdruck einer alttestamentlich-gesetzlichen Frömmigkeit, sondern als Wissen darum, daß Gottes Gnade nicht die Gerechten sucht und findet, sondern die Verirrten und Verlorenen. Man sollte gerade heute des öfteren Luthers dichterische Gestaltung des 130. Psalm in Form des Liedes »Aus tiefer Not schrei ich zu Dir ...« lesen, um sich gegen die seichten Fluten des religiösen Ethizismus zu schützen und dadurch bei sich selber und bei anderen der irreführenden Verniedlichung von Gottes Gericht vorzubeugen.

Denn der religiöse Ethizismus — in welcher Gestalt er auch im einzelnen auftreten mag — ist von jeher der gefährlichste Feind des Evangeliums gewesen. Er verstellt uns in gleicher Weise den Blick für Gottes Gericht wie für Gottes Gnade, indem er uns mit uns selber beschäftigt und unser eigenes Tun so relevant macht, daß Gottes Tun daneben irrelevant wird.

Wir erfahren das heute bis weit in die Kirchen hinein, die bisweilen vor lauter Aktivitäten nur so sprühen, ohne zu merken, daß sie theologisch nur im Leerlauf fahren, so daß sie nicht vorankommen, auch wenn sie noch so viel »Gas« geben.

Während immer mehr Menschen spüren, daß die früher einmal so heiß begehrten Segnungen des modernen Säkularismus nichts anderes sind als kurzlebige, wesenlose Seifenblasen und gleichzeitig nach einem *wesenhaften Wort* fragen, lassen wir uns von der bösen Meinung fortreißen, es lohne sich heute nicht mehr, Gottes Gnade »beim Wort zu nehmen«, das heißt sie in den Mittelpunkt von Predigt und Unterricht zu stellen.

Und dies zu einer Zeit, in der uns etwa die Tiefenpsychologie deutlich zu machen beginnt, daß die Grundfrage unserer menschlichen Existenz die ist, wer bereit und in der Lage sei, uns bedingungslos und umfassend anzunehmen und zu bejahen! Sicher, wir sind mit Recht etwas vorsichtig geworden gegenüber der Gnade, seit uns Dietrich Bonhoeffer vor der »billigen Gnade« nachdrücklich warnte und an die »teure Gnade« erinnerte. Aber der *abusus* darf uns nicht davon abhalten, den *rechten usus* zu pflegen.

Wenn je eine Generation der Gnade bedurfte, dann war und ist es die unsere. Denn wir leben in einer Welt, die in vielen Hinsichten relativ oder absolut gnaden-los ist, die den Menschen einem starren und lieblosen Leistungsschema unterwirft und ihn sich selbst und anderen entfremdet.

Wir haben vergessen, daß unser deutsches Wort »Gnade« von althochdeutsch »kanâda« (dieselbe Wurzel wie »nieder«) kommt und »Niederneigung« bedeutet (ebenso wie das griechische χάρις ursprünglich »Zuneigung« meint).

Das von Martin Luther vielfach mit »Erbarmen, Barmherzigkeit« übersetzte hebräische »rachamim« bedeutet ursprünglich wahrscheinlich denjenigen Akt, durch den ein Vater sein neugeborenes Kind im rechtlichen und psychologischen Sinn als *sein* Kind »anerkennt« (wohl aus diesem Grunde steht es im Alten Testament — mit der einen Ausnahme von Jesaja 49,15 — immer nur mit einem männlichen Subjekt). Wenn wir von Gottes Gnade predigen, dann meinen wir damit kein religiöses Prinzip, sondern diejenige Haltung Gottes uns gegenüber, die Er uns im Evangelium erschlossen hat. Das Neue Testament geht mit gutem Recht soweit, daß es Gottes Gnade in Jesus Christus personifiziert und vom eingeborenen Sohn des Vaters sagt, daß er »voller Gnade und Wahrheit« gewesen sei (Johannes 1,14).

Die Gnadenpredigt ist darum — ebenso oder gar noch mehr als die Gerichtspredigt — eine Frage nach unserer Christologie. Ein moderner ethizistischer Aktivismus wird zwar vieles über Jesus von Nazareth und sein vorbildliches Verhalten gegenüber den Außenseitern seiner Zeit zu sagen wissen. Aber er wird mit alledem nicht unmißverständlich deutlich machen können, warum gerade Jesus das einzig denkbare Vorbild für mitmenschliches Tun sein soll. Und selbst, wenn er das könnte, befände er sich mit dieser Fragestellung immer noch an der äußersten Oberfläche des Problems, um das es uns hier geht. Urchristenheit und Reformation haben von und mit der Botschaft gelebt, daß in der Gestalt des Jesus Christus die göttliche Gnade ein für allemal den Menschen erschienen sei. Daß es keinen Sinn habe, außer und neben dieser Gestalt nach wahrer Gnade zu suchen. Luther sah die größte Majestät des biblischen Gottes darin, daß er — im Sinne des Christus-Hymnus von Philipper 2 — sich all seiner Höhe und Herrlichkeit begeben kann, um uns nahezukommen. Er nannte dieses Geschehen gerne Gottes »Kondeszendenz« gegenüber dem verlorenen Menschen.

Davon gilt es heute zu reden, nicht primär von unseren kirchlichen und menschlichen Aktivitäten, an denen es dann wahrlich auch nicht fehlen soll. Der rechte Glaube tut nach Luther Werke »wie ein Betrunkener oder Träumender«. Man muß ihn gar nicht erst dazu überreden und antreiben.

Die Erneuerung der Kirche hat noch nie mit einem gesteigerten Maß an menschlicher *activitas* begonnen. Sie begann immer dort, wo Menschen von Gottes Gericht getroffen wurden und nach seiner Gnade schrien. Sie beginnt auch für uns dort, wo wir die »Flucht ins Engagement« aufgeben und uns Gott wieder stellen. Sie beginnt dort, wo wir neu die Buße — und das Staunen über Gottes Wundertat[2] lernen, durch die Er uns nahegekommen ist.

[2] Evangelische Theologie und Predigt sollten nie vergessen, daß *dieses* »Staunen« der eigentliche Quell-Ort der Reformation war! Man lese dazu nur

Was bedeutet das alles für unsere Predigt und für unseren Unterricht? Wir kennen die Parolen, die heute unter uns verbreitet werden und die uns »völlig neue Wege« suggerieren wollen — Wege, die bei genauem Hinsehen uralte Irrwege sind. Wir haben Angst, den modernen Menschen zu verfehlen und muten ihm deswegen das alte Wort der Bibel nicht mehr unverstellt zu. Aber damit verfehlen wir ihn erst recht. Wir entschuldigen uns fast, Worte des Gerichtes zu predigen, weil wir fürchten, unsere Kirchen könnten dann noch leerer werden, als sie es ohnehin schon sind. Und gerade deswegen werden sie immer leerer.

Wir haben in der modernen Pädagogik viel Gutes gelernt, wie man junge Menschen richtig erzieht — nicht für eine vergangene Welt, sondern für die Welt, in der sie einmal zu leben haben. Auch die neuere Religionspädagogik hat daraus wertvolle Hilfen gewonnen. Inzwischen verlangt man jedoch von der Kirche, daß sie ihren Unterricht im Sinne modern-säkularer Informations-Theorien aufziehe, das heißt den Schüler über Sachverhalte informiere. Vielleicht gibt es eines Tages auch in unserem Land einen sogenannten »religionskundlichen oder -wissenschaftlichen« Unterricht anstelle der bisherigen christlichen Unterweisung. Indem wir solchen Tendenzen nachgeben, gehen wir selbst hinter die sicheren Ergebnisse der modernen Forschung an der Bibel zurück, die uns für immer gezeigt hat, daß die Bibel im Alten und Neuen Testament kein neutral-berichtendes Historienbuch aus der Antike ist, sondern eine durchgehende Anrede Gottes an sein Volk, Seine Kirche, ja an alle Menschen. Über Gericht und Gnade läßt sich aber *per definitionem* nicht »neutral« reden. Beide können unmöglich »versachlicht« werden. Denn sie betreffen nie und nimmer »Sachen«. Sie sagen uns, daß unser gott-loses Menschsein unter Gottes Gericht steht — und doch zugleich durch das Evangelium diesem Gericht entnommen werden soll. Niemand wird bestreiten wollen, daß man sich als Christ die Bibel auch wissensmäßig aneignen kann, vielleicht sogar muß. Der Glaube kommt so wenig aus dem bloßen Wissen, wie er ihm von Hause aus entgegensteht. Er kommt nach paulinisch-lutherischer Überzeugung aus der Predigt, das heißt aus dem Hören des Wortes Gottes (vgl. Römer 10,17).

Martin Luthers unvergleichlich tiefsinniges Lied: »Nun freut euch, lieben Christen g'mein ...«, das von dem spricht, »was Gott an uns gewendet hat« und dieses Tun Gottes »seine süße Wundertat« nennt. Wie bodenlos »flach« ist doch der religiöse »Ethizismus« — gemessen an M. Luthers tiefgründiger Erfassung des Evangeliums!

Es ist Gottes entscheidende Frage an uns heute, ob wir bereit sind, Seinem Wort zuzutrauen, daß es durch unsere Verkündigung in der Predigt und durch unseren Unterricht an jungen Christen hindurch sich selber als Gerichts- und als Gnadenwort Raum schaffen kann.
Die Zukunft der Kirchen wird nicht davon abhängen, wieweit sie keuchend hinter allen modernen Entwicklungen herlaufen, um ja nichts Aktuelles zu versäumen, sondern wieweit sie es wagen werden, dem Wort vom Kreuz, durch das Gott uns unter Sein heiliges Gericht stellt, ebenso zu vertrauen wie an jenes Wort zu glauben, das uns sagt, daß uns der Vater den Sohn gesandt hat, damit wir leben sollen. *In der Kirche darf und mag sich vieles ändern. Wenn wir nur diese beiden Worte in ihrer unterschiedenen Einheit niemals verlieren.* Sie enthalten das Beste, was Gott uns hat sagen lassen!

Weiterführende Fragen und Anstöße

> Welchen tieferen (sachlichen) Sinn hat die Botschaft vom »Gericht« Gottes innerhalb des Evangeliums — und zwar auch dann (noch), wenn man um das unbewußte menschliche Bedürfnis weiß, andere »gestraft« und »gemartert« zu wissen?

> Warum wird das Evangelium zu einer »Ideologie« und hohlen Phrase (»Leerformel«), wenn seinem »Licht« der »Schatten« des göttlichen Gerichtes fehlt?

> Aus welchen Gründen werden die Kirchen und ihre Verkündigung des Evangeliums durch ein »ethisierendes Christentum« lebensgefährlich bedroht?

Weiterführende Literatur

E. Grässer, Die falsch programmierte Theologie. Kritische Anmerkungen zu ihrer gegenwärtigen Situation (in: Evangelische Kommentare 1, 1968, S. 694 ff.) [vgl. dazu auch die Antwort von H.-D. Bastian: Information über den Unfug; in derselben Zeitschrift, Jahrgang 2, 1969, S. 78 ff.].

H. Conzelmann, Die Rechtfertigungslehre des Paulus: Theologie oder Anthropologie? (in: Evangelische Theologie 28, 1968, S. 389 ff.).

(Diese Hinweise sind lediglich als Anregungen für eigenes Nachdenken und für das gemeinsame Gespräch gedacht. Spezielle Literatur zur Frage nach der Predigt von Gericht und Gnade gibt es — soweit ich sehe — im Augenblick nicht.)

III.

Der Glaube und einige große Fragen der Religion(en)

1. Was ist »Mystik«? Hat sie noch Zukunftschancen?

Wo immer der Begriff der »Mystik« auftaucht, scheint er manche christliche Theologen in eine Art von geistiger Abwehrstellung zu versetzen oder sie zur Aggression zu reizen. Für eine sachliche Auseinandersetzung mit diesem Terminus wahrlich keine gerade günstige Voraussetzung! Aber was ist das, die sogenannte »Mystik«? Der christliche Theologe wird sich nur so mit ihr auseinandersetzen können, daß er zuerst einmal das Phänomen als solches ins Auge faßt und dann — in welcher Form auch immer — ein beurteilendes und wertendes Wort über sie sagt.

Wir werden unsere nachstehenden Erwägungen daher so aufbauen, daß wir uns in einem ersten Hauptteil jener Größe oder Erscheinung zuwenden, die durch den Begriff der »Mystik« umschrieben ist und im Anschluß daran vom Standort einer christlichen Theologie aus ein grundsätzliches Wort zu der Frage versuchen, wie sich das so beschriebene Phänomen der »Mystik« zum biblischen Offenbarungsglauben verhält.

a) »Mystik« als religionsgeschichtliches Ur-Phänomen

Der Begriff der »Mystik« gehört mit anderen religiösen Fundamentaltermini (ich nenne zur Verdeutlichung nur Begriffe wie »Religion, Kult, Gebet, Meditation«) zu jenen Urworten der Religionsgeschichte, die sich — dem Wort oder der Sache nach — in den verschiedensten Formen innerhalb des weiten Feldes der Religionen finden. Solche Begriffe werden einerseits ebenso häufig und selbstverständlich verwendet wie sie andererseits einer vollen definitorischen Klarheit ermangeln, so daß es geschehen kann, daß unter ein und demselben Wort in verschiedenen Religionen ganz verschiedene, ja zum Teil sich widersprechende religiöse Wirklichkeiten angesprochen werden können.

Es stellt sich — auf diesem Hintergrund gesehen — für uns daher zuerst einmal die Frage, welchen Zugang wir zu dem Begriff der »Mystik« nehmen sollen. Es ließen sich durchaus verschiedenartige Zugänge denken: etwa der der rein phänomenologischen Erhebung des Begriffes aufgrund seines Vorkommens in der Religionsgeschichte. Oder auch — was man um die Jahrhundertwende versuchte — der der religionspsychologischen Analyse und Deutung des mit dem Begriff in den einzelnen Religionen und Frömmigkeitsfeldern Gemeinten. Oder der der Beschränkung auf eine kirchengeschichtliche Betrachtung und Würdigung dessen, was es im Laufe der Geschichte der Christenheit an sogenannten »mystischen« Theologien und Frömmigkeitstypen gegeben hat. Alle diese — an sich möglichen — Versuche würden aber an dem Mangel leiden, daß wir mit einem Maßstab arbeiten müßten, den es zuerst einmal zu gewinnen gälte. Mit anderen Worten: wir können nicht feststellen, wo sich in den Weltreligionen oder in der Kirchengeschichte »mystische« Bewegungen und Anschauungen finden, wenn wir uns nicht zuvor darüber verständigt bzw. darauf geeinigt haben, was wir sachlich und prinzipiell unter »Mystik« verstehen wollen.

Dieser Aufgabe möchte ich mich zuerst zuwenden, indem ich bei der Philologie und Sprachgeschichte des Begriffs »Mystik« einsetze.

(a) Zur Sprachgeschichte von »Mystik«

Der heute in der religionswissenschaftlichen und theologischen Literatur vielfach verwendete Begriff der »Mystik« taucht zum erstenmal im 17. Jahrhundert in den römisch-katholischen Ländern romanischer Zunge auf und wandert von dort aus im 18. Jahrhundert in die deutsche und anschließend daran auch in andere europäische Sprachen ein. Verfolgt man die Vorgeschichte des Begriffes »Mystik«, so ergibt sich, daß er aus dem seit dem 16. Jahrhundert in der römisch-katholischen Theologie üblich gewordenen Begriff der sogenannten »mystischen Theologie« herausgewachsen ist. Dieser Begriff hatte eine eng umgrenzte Bedeutung: er bezog sich auf die wissenschaftliche Auslegung und Deutung der »mystischen« Erfahrung, dessen, was das lateinische Mittelalter »contemplatio« nannte. Der Begriff hatte, als man ihn in diesem Sinne zu verwenden begann, bereits eine lange Geschichte hinter sich. Er ist durch den berühmten Traktat des sogenannten Dionysius Areopagita Περὶ τῆς μυστικῆς Θεολογίας (um 500 n. Chr.) in der mittelalterlichen Kirche auf breiter Basis bekanntgeworden. Da diese »mystische Theologie« des Areopagiten in zahlreichen Kommentaren über das ganze Mittelalter hin verbreitet und bekannt gemacht wurde, trug der Begriff eine ganz bestimmte implizite Prägung inhaltlicher Art: die »mystische Theologie« des Areopagiten war stärkstens von außerchristlichen, speziell neuplatonischen Gedankengängen geprägt. Sie deutete das Heilsgeschehen vornehmlich in Kategorien der mystischen Erhebung der Seele zu Gott, die zur Einung des Menschen mit Gott und schließlich zur Vergottung des Menschen füh-

ren sollte. Freilich darf man nicht übersehen, daß Dionysius dieses Geschehen auf jene Wirkungen zurückführen wollte, die vom erhöhten Christus ausgehen.
Geht man in der altkirchlichen Literatur hinter Dionysius Areopagita noch weiter zurück, so findet man das Eigenschaftswort »mystisch« zum erstenmal als einen in die christliche Theologie übernommenen Terminus in der alexandrinischen Schule, vor allem bei Origenes. Es ist wahrscheinlich, daß Origenes selber den Begriff »mystisch« aus dem hellenistischen Wortschatz als erster in die christliche Terminologie übernommen hat.
Die Bedeutungsbreite von »mystisch« ist bei Origenes noch relativ groß: er kann sowohl die Abendmahlsgeräte wie auch die liturgischen Riten, wie Leben und Werk Christi, wie das gesamte Erlösungsgeschehen und den eigentlichen, verborgenen, sogenannten »geistlichen« Sinn der Schrift als »mystisch« bezeichnen. Vor allem aber nennt er die durch die Taufe begründete Gemeinschaft des Christen mit Christus »mystisch«. Für Origenes hat der Begriff des »mystischen« eine umfassende Bedeutung: er bezeichnete jenes Gesamtgeschehen, innerhalb dessen der Glaubende sowohl durch sakramentale Erfahrung wie auch durch die (stark intellektuell gefärbte) »Gnosis« langsam aufsteigt zum christlichen »Pneumatikertum«, das in der Schau der göttlichen Geheimnisse (zu denen bei Origenes — im Gegensatz zu Dionysius Areopagita — wenigstens am Rande auch noch die Menschwerdung und das Leiden und Sterben des irdischen Jesus gehören) sein letztes Ziel findet.
Tut man in der Sprachgeschichte den Schritt von Origenes in die hellenistisch-griechische Welt, so findet man dort den sprachlichen und sachlichen Ursprung dessen, was Origenes in seiner christlichen Terminologie »mystisch« genannt hatte. μυστικός weist auf die beiden griechischen Verben μυέω und μύω zurück, die zusammen mit den beiden Substantiven μυστήριον und μύστης jenen ursprünglichen Bedeutungshorizont ausmachen, aus dem heraus sich in einer vielhundertjährigen Sprachtradition das entwickelte, was wir heute »Mystik« nennen. μέω bezeichnet ursprünglich (profan) das Verschließen von Augen und Mund. Als religiöser terminus technicus besagt es in der Mysteriensprache das sich nach außen hin Abschließen, um in seinem Inneren eines Geheimnisses inne zu werden (und dieses Geheimnis dann für sich zu behalten). μυέω ist von Anfang an ein religiöser Begriff. Er bezeichnet den Vorgang des Einweihens in die Mysterien, den Unterricht in den Mysterien und wird häufig passiv gebraucht: »in die Mysterien eingeweiht werden«. Aus diesem Verb ist dann das Sub-

stantiv μύστης hervorgegangen, das den in die Mysterien Eingeweihten beziehungsweise den in die Mysterien Einweihenden bezeichnet. Gegenstand des Einweihens und Eingeweihtseins sind die sogenannten μυστήρια, das heißt Geheimnisse, geheime religiöse Gedanken und Praktiken, die sich auf etwas »Heiliges« beziehen, das weder der gewöhnlichen Erkenntnis noch Erfahrung zugänglich ist, sondern zu seiner Erschließung eines ganz besonderen Weges bedarf.

Heimat all der genannten Vokabeln ist einerseits das griechische Mysterien-Spiel der platonischen und nachplatonischen Zeit, andererseits der Bereich der zahlreichen Mysterien-Kulte als nur noch religiöser Institutionen. Dazu gesellt sich von der Philosophie Platos her der Gedanke eines Weges der Seele vom Irdischen zum Überweltlich-Ewigen hin. Dieser Weg wird als Denkprozeß gedeutet, an dem nur diejenigen teilnehmen können, die einer sogenannten »höheren« Erkenntnis fähig sind.

Fassen wir das Ergebnis unserer kurzen philologisch-etymologischen Untersuchung systematisch zusammen, so können wir Folgendes konstatieren:

(aa) die Herkunft unseres heutigen Begriffs »Mystik« verweist uns zurück in die griechische Welt der klassischen und hellenistischen Zeit;

(bb) der Begriff ist schon in seinem Ursprung nicht ein-deutig, sondern umschließt eine ganze Reihe von Inhalten und Vorstellungen, die seine vielfältige Verwendung im Mittelalter und in der Neuzeit verständlich machen und erhellen;

(cc) versuchen wir, diese Bedeutungs-Vielfalt aufzuzeigen, so ergeben sich dabei folgende Gesichtspunkte:

(aaa) eine eindeutig elitär-aristokratische Färbung. Mit anderen Worten: was sich in der »mystischen« Einweihung vollzieht, ist nur für einen ganz bestimmten Kreis von Menschen zugänglich und erreichbar. »Mystiker« sind nie alle, sondern immer nur ein mehr oder minder kleiner, ausgewählter Kreis;

(bbb) die »mystische« Weihe kann sich auf sehr verschiedenen Wegen vollziehen: entweder geistig-intellektuell oder kultisch-rituell oder in Form einer bestimmten religiösen Technik — wie etwa dem Schließen von Augen und Mund;

(ccc) Inhalt aller »mystischen« Praktiken ist in jedem Falle ein Wissen oder eine Erfahrung, die weit über das vom Durchschnittsmenschen erreichbare Maß hinaus den »Mysten« in Kontakt mit geheimnisvollen Erkenntnissen, Lehren oder Wirklichkeiten bringen. Diese Wirklichkeiten können entweder als rationale oder als psychische oder auch als personale Größen vorgestellt werden;

(ddd) am Ziel des »mystischen« Weges steht immer die Einung oder Verschmelzung des erkennenden beziehungsweise erfahrenden Subjekts mit dem erfahrenen Objekt. Der »Myste« strebt danach, in dem »aufzugehen«, mit dem »identisch« zu werden, was er mittels seines »mystischen« Weges zu erreichen versucht;
(eee) Voraussetzung für das Gehen des »mystischen« Weges sind ganz bestimmte, genau festgelegte Verhaltensweisen, die befolgt werden müssen, wenn es zu dem angestrebten Ergebnis kommen soll. Zu diesen Verhaltensweisen gehört durchgängig das sich Abwenden vom alltäglichen Leben — entweder in Form der strengen Askese oder auch in Gestalt einer so oder so beschaffenen Ekstase, die den »Mysten« befähigt, das nur auf einem besonderen Weg zugängliche Ziel zu erreichen.

(b) Zur religionsgeschichtlichen Problematik des Begriffes »Mystik«

Es erscheint begreiflich, warum sich angesichts der schillernden Vielfalt dessen, was unser Begriff »Mystik« umschließt, in der religionswissenschaftlichen und religionsgeschichtlichen Literatur bis zum heutigen Tag keine einheitliche und allgemein akzeptierte Definition des Begriffes »Mystik« durchsetzen konnte. Nicht einmal über die Frage herrscht Einigkeit, ob »Mystik« etwas spezifisch Religiöses sei oder nicht. Das beobachten wir bis in unseren alltäglichen Sprachgebrauch hinein, wo »mystisch« soviel bedeuten kann wie »unklar, zweideutig, verstandesmäßig nicht durchschaubar, geheimnisvoll« und dergleichen. J. G. Herder hat die »Mystik« einen »dumpfen, erstickenden Nebel« genannt. Rudolf Otto würdigte sie als echtes »religiöses Erleben selber, aber mit Übersteigerung der irrational-numinosen Momente derselben«. G. v. d. Leeuw lehnte es ab, von der »Mystik« als einer »spezifischen Religion« zu sprechen und vertrat die Meinung: »Mystik ist eine bestimmte Richtung der Religion, die es in jeder Religion geben kann und gegeben hat.« Friedrich Heiler ist mit der These hervorgetreten, die »Mystik« stelle in ihrer Entstehung »eine negative Reaktion auf die Kultusreligion dar«. Ernst Troeltsch schließlich hat in der »Mystik im weitesten Sinne des Wortes« nichts anderes gesehen »als das Drängen auf Unmittelbarkeit, Innerlichkeit und Gegenwärtigkeit des religiösen Erlebnisses«.
Die Unmöglichkeit, das Phänomen der »Mystik« genau zu umschreiben und einzugrenzen, hat in letzten Jahrzehnten dazu geführt, daß man von einer inhaltlichen Bestimmung des Begriffes mehr und mehr absah und sich darauf beschränkte, von »mystischen Komponenten« in den verschiedenen Religionen zu sprechen (wie etwa von der

buddhistischen, jüdischen oder islamischen oder auch christlichen »Mystik«), oder gewissen Einzelausprägungen des »Mystischen« nebeneinander zu stellen (aktive und quietistische, Unendlichkeits- und Persönlichkeitsmystik, Mystik der communio oder der unio usw.) oder die Einflüsse der »Mystik« auf die verschiedenen christlichen Konfessionen zu untersuchen (ost-kirchliche, römisch-katholische, lutherische und reformierte Mystik) oder eine Typologie von innerkirchlichen Erscheinungsbildern der »Mystik« herzustellen (wie zum Beispiel Christusmystik, Passionsmystik und Glaubensmystik).

Aus diesem Hintergrund wird es begreiflich, warum man — je nach dem, welchen Begriff von »Mystik« man vertritt — im weiten Feld der allgemeinen Religionsgeschichte eine Vielzahl von sogenannten »mystischen« Gedanken, Vorstellungen, Praktiken, Lehren und Richtungen entdecken und feststellen kann — angefangen von Laotses Tao-Mystik über die Mystik der altindischen Upanischaden, die asketisch-kontemplative Frömmigkeit des Buddhismus bis zur griechischen Orphik und zum spekulativ-mystischen Neuplatonismus oder zum islamischen Sufismus. Das Studium und die Klassifizierung all dieser Größen stellt weiterhin eine interessante und spannungsvolle Aufgabe für allgemeine religionsgeschichtliche Forschung dar.

b) »Mystik« im Kontext der christlichen Offenbarung

Der Begriff »Mystik« wird für den christlichen Theologen von dem Punkt an zu einer relevanten und belangvollen Größe, mit der er sich auseinandersetzen muß, wo er sich vergegenwärtigt, daß die biblische Offenbarungsreligion im Laufe ihrer langen Geschichte auf mannigfache Weise mit der »Mystik« in Berührung gekommen ist und teilweise intensiv durch sie beeinflußt wurde. Wir haben oben gesehen, daß dies — rein sprachgeschichtlich betrachtet — innerhalb der alexandrinischen Theologie des frühen 3. Jahrhunderts geschah. Seit das frühe Urchristentum die Grenzen Palästinas überschritt und sich dem weiten Raum der hellenistisch-römischen Mittelmeerkultur zuwandte, stieß es — vor allem in Kleinasien und in Griechenland — auf religiöse Traditionen, die stark »mystisch« geprägt waren und mit denen es sich auseinandersetzen, deren Sprach- und Vorstellungswelt es aber zum Teil übernehmen mußte, um eine eigene Botschaft verständlich machen zu können.

Ernst Troeltsch hat die interessante These vertreten, daß es dabei anfänglich zu einer »relativen Rezeption« mystischer Elemente gekommen seit, ehe dann im 3., 4. und 5. Jahrhundert (durch den starken

Einfluß des Neuplatonismus) eine »absolute Rezeption« »mystischer« Vorstellungen stattgefunden habe. Und zwar im Osten am stärksten bei Dionysius Areopagita, im Westen bei Augustin.
Diese »relative Rezeption« läß sich bereits im Neuen Testament nachweisen, wo sowohl Paulus wie auch Johannes sich durchaus gewisser Begriffe bedienen, die rein formal der Mysteriensprache entnommen sind. So spricht etwa Paulus in 2. Korinther 12,2 ff. — wenn auch sehr zurückhaltend und ohne besonderen theologischen Akzent! — von »mystischen« Erfahrungen, die er gehabt habe. Einen mehr oder minder deutlichen »Beweis« für das Vorhandensein mystischer Elemente sah man dann in Galater 2,19 f., wo Paulus sich der geläufigen Mysteriensprache und ihrer Terminologie bedient. Noch Albert Schweitzer hat gemeint, aus diesen Galaterversen heraus so etwas wie einen Beleg dafür erbringen zu können, daß im Zentrum der Theologie des Paulus keineswegs die Rechtfertigung (als göttliche Gerechterklärung des Gottlosen aufgrund des Verdienstes Christi) stehe, sondern die Christus-Mystik des ἐν χριστῷ εἶναι. Diese These ist ihm in der neutestamentlichen Forschung freilich nicht abgenommen worden, weil sie offensichtlich zu einseitig interpretiert und dazu von einem mehr systematischen als exegetischen Anliegen geleitet ist. Rudolf Bultmann vertritt in RGG³ die Meinung[1], daß die Formel »in Christus« einer »mystischen oder mysteriösen Formel ›im Geist‹ nachgebildet (sein könne), die ursprünglich die Ekstase beschreibt«, daß sie aber »für Paulus doch keinen mystischen Sinn« mehr habe, sondern nur die Zugehörigkeit des Christen zu Christus bezeichne. Ähnliches gilt nach Bultmann für das Johannesevangelium, das »offenbar bewußt mystische Formeln (gebraucht), um diese Gegenwärtigkeit zu bezeichnen (das heißt die Gegenwärtigkeit des Heils in Christus, wenn es vom Erkennen und Schauen Gottes redet oder vom Sein Gottes in Jesus und Jesu in den Gläubigen 14,7—9; 17,23; vgl. 14,23)«. Wie immer man auch inhaltlich »Mystik« interpretieren mag, eines läßt sich in keinem Falle leugnen: die urchristlichen Autoren, vor allem Paulus und Johannes, haben sich durchaus »mystischer« Termini und Vorstellungen bedient, um mit ihrer Hilfe die Christusbotschaft aus- und weiterzusagen. Noch der Pariser Universitätskanzler Gerson leitete in seinen bald nach 1400 niedergeschriebenen »Considerationes de theologia mystica« die mystische Theologie aus jenem Vers 7 in 1. Korinther 2 ab, in dem Paulus davon spricht, daß er als Apostel

[1] Band IV, Sp. 1245.

die »Weisheit Gottes« ἐν μυστηρίῳ weitergebe. Freilich war für Paulus diese »Weisheit Gottes« nicht eine mysteriöse, nur wenigen Eingeweihten zugängliche Geheimlehre, sondern er konnte sie geradezu mit Christus identifizieren, von dem er sagte, Christus sei uns von Gott gemacht zur Weisheit und zur Gerechtigkeit und zur Heiligung und zur Erlösung (1. Korinther 1,30). Hier zeigt sich etwas von jener Spannung, die dadurch entstand, daß die Urchristenheit darauf angewiesen war, bestimmte Begriffe aus der griechischen Tradition aufzunehmen, Begriffe, die im Umkreis ihrer Entstehung eine mehr oder minder klare Bedeutung und auch religiöse Färbung besaßen, nun aber, in einen anderen Kontext gerückt, auch eine andere inhaltliche Füllung bekommen mußten. Dies gilt ja nicht nur für den Begriff des »mysterion«, sondern auch für zahlreiche neutestamentlich-urchristliche Begriffe, wie etwa sarx, pneuma, kosmos, dikaiosüne oder eusebeia (Fleisch, Geist, Welt, Gerechtigkeit oder Frömmigkeit).

Die oben erwähnte Unmöglichkeit, den Begriff der »Mystik« vollkommen klar und vor allem inhaltlich ein-deutig zu definieren, liegt ja zutiefst in dem Sachverhalt begründet, daß Begriffe der griechischen Mysteriensprache dazu aufgeboten wurden, eine Botschaft, ein Kerygma weiterzusagen, das gerade nicht auf dem Boden und aus den Voraussetzungen solcher Mysterien heraus entstanden war, nun aber in ihren Raum hinein gesagt werden mußte. Es konnte gar nicht ausbleiben, daß im Bereich der frühen östlichen Kirche »mystische« Begriffe und Vorstellungen mehr und mehr Einfluß auf die Kirche und ihre Theologie gewannen und das urchristliche Kerygma überwucherten oder gar zu verschlingen drohten, wie das besonders beim Areopagiten der Fall war. Die »mystische« Theologie hat aber daneben von der Christus-Mystik des Ignatius von Antiochien an über die neuplatonische Erkenntnis-Mystik der Alexandriner, über die Mönchs-Mystik bis hin zur Braut-Mystik Bernhards von Clairvaux und zur »mystischen Hochzeit mit der Frau Armut« bei Franz von Assisi eine Heimstätte in der Kirche gehabt. »Mystisch« geprägte Frömmigkeit war es, die die Kirche immer wieder daran gemahnte, nicht der rationalistischen Verflachung oder dem äußeren Prunk zu verfallen. Aus den Kreisen dieser Mystik sind literarische Werke von großer geistlicher Wirkung hervorgegangen. Man denke nur an das verbreitetste christliche Erbauungsbuch, die »Imitatio Christi« (Nachfolge Christi). Es gehört zum schwer feststellbaren Wesen der Mystik, daß sie offensichtlich in verschiedenen Zusammenhängen und Situationen sehr Verschiedenes bewirken und hervorbringen kann: sie konnte die Christusbotschaft neuplatonisch-spekulativ überfremden und aushöhlen, sie aber auch ebenso nachhaltig gegen ihre Beiseiteschiebung in der Kirche schützen. »Mystiker« waren es, die in der alten Kirche das Evangelium in eine spekulative Weltanschauung verwandelten. »Mystiker« haben das Christentum einerseits gefährlich intellektualisiert, andererseits aber auch erstaunlich gut konkretisiert. Allein diese Hinweise machen deutlich, wie schwierig es sein muß, für alle diese verschiedenartigen Größen einen gemeinsamen Nenner zu finden!

Man kann sich die dialektische Komplexität des Begriffes schließlich nach paradigmatisch daran verdeutlichen, daß man sich das Verhältnis Martin Luthers zur sogenannten »Mystik« vergegenwärtigt. Der aus dem mystisch beeinflußten Augustinerkloster kommende Mönch fand bei Tauler, besonders aber in der »Theologia Deutsch«, die er selber herausgab, Vorläufer seines eigenen Neuansatzes, seiner Wiederentdekkung des durch Menschentraditionen und Scholastizismus verdeckten Evangeliums. Gerade Tauler hatte das »Wort« betont und es selber in zahlreichen Auslegungen unter die Menschen seiner Zeit gebracht. Luther konnte darum in seiner strikten Konzentration auf dieses »Wort« hin einen alten mystischen Terminus aufnehmen und ihn gegen alle Veräußerlichung, gegen alle »theologia gloriae« der Kirche ins Feld führen: es kommt alles auf das »Hören« an. Darum gilt: »Oportet oculos claudere«! (»Man muß die Augen schließen!«). Freilich bedeutet dieser mystische Terminus für ihn nicht, daß der Mensch auf die Stimme seines eigenen Herzens zu hören oder sich im Sinne einer frommen und verdienstlichen Übung von allem Äußerlich-Weltlichen loszusagen habe. Vielmehr soll er zum Ausdruck bringen, daß wir der biblischen Botschaft gegenüber primär die absolut untätigen und nicht nach diesem oder jenem gaffenden Hörer zu sein haben, die sozusagen alle Sinne »abstellen« müssen, um nur noch das eine, allein entscheidende Wort zu vernehmen, das von außen her an uns ergeht. So sehr sich Luther in seinem persönlichen Werdegang von diesen »Mystikern« angeregt und befruchtet fühlte, so intensiv und energisch hat er lebenslang den Areopagiten abgelehnt und verworfen[2], weil dieser philosophische Spekulationen an die Stelle der Christusbotschaft von der Rechtfertigung des Gottlosen gesetzt habe.

Wir werden also im Blick auf Luther sagen können, daß sein Verhältnis zu dem, was wir »Mystik« nennen, ein sehr dialektisches war. Wo sie ihm dazu verhelfen konnte, zu einem aufmerksamen Hörer des biblischen Wortes zu werden, sich mit dem Evangelium statt mit

[2] Er nannte ihn und seinen neuplatonischen Mystizismus »eine Pest«!

scholastischen Lehrsätzen und kirchlichen Rechtsformeln zu beschäftigen, hat er sie vollauf bejaht. Es mag dabei durchaus geschehen sein, daß er die Mystiker positiver beurteilte, als sie es eigentlich verdient hatten. Immerhin glaubte er ihnen mehr zu verdanken, als der gesamten scholastischen Schultheologie! Wo er aber der »Mystik« als einer vom biblischen Wort abschweifenden Spekulation oder einer nicht mehr an das Wort gebundenen, freischwebenden »Geist-Religion« begegnete (wie bei Karlstadt, Müntzer und Schwenckfeldt), konnte er zum erbitterten Feind aller »mystischen« Religiosität werden.

Luthers — wenn man so sagen will — »Wort-Mystik« meint ein passives Warten des Menschen auf die Proklamation, den Zuspruch des göttlichen Gnadenwortes, dessen Kommen nicht durch religiöse oder »mystische« Praktiken herbeigeführt werden, sondern nur im Verzicht auf alle menschlichen Ansprüche an Gott erfahren beziehungsweise erlitten werden kann.

Es läßt sich darüber streiten, ob man eine solche Theologie überhaupt als »mystisch« bezeichnen kann. Im Zuge einer interpretatio ad optimam partem wird man doch sagen dürfen, daß sie zumindest auf dem richtigen Gedanken beruht, daß Gott es ist, der uns durch sein Wort in das Geheimnis des Glaubens »einweiht«, und daß wir selber in diesem Geschehen die Passiven und Nehmenden sind.

Was an dieser Stelle für Martin Luther gilt, ließe sich dann auch für die nachreformatorische Zeit aufzeigen: gegen den bisweilen sehr starren Scholastizismus der altprotestantischen Theologie und gegen den teilweise sehr spröden Rationalismus der Aufklärung traten von Valentin Weigel über Jakob Böhme bis hin zu Friedrich Schleiermacher Theologen und Denker auf, die das anti-intellektualistische und antiethizistische Anliegen der »Mystiker« innerhalb der Theologie als Korrektiv oder Motiv zur Geltung zu bringen versuchten.

Die große Wende, die sich nach 1800 in Gestalt des Werkes von Friedrich Schleiermacher in der Theologie anbahnte und die heute nach dem endgültigen Abklingen der dialektischen Theologie neue Relevanz für uns zu gewinnen scheint, ist nicht begreiflich zu machen ohne den Hinweis auf das starke »mystische« Element, mit dessen Hilfe Schleiermacher die Religion aus der Gefangenschaft der Metaphysik und des Moralismus befreite, um ihr eine »eigene Provinz im Gemüthe« zu geben. Wenn man sich die Stärke dieses »mystischen« Elementes bei Schleiermacher vergegenwärtigen will, braucht man nur einige Sätze aus der 2. der »Reden über die Religion an die Gebildeten unter ihren Verächtern« (1799) zu zitieren: Das Wesen der Religion »ist weder Denken noch Handeln, sondern Anschauung und Gefühl. Anschauen will sie das Universum, in seinen eigenen Darstellungen und Handlungen will sie es andächtig belauschen, von seinen unmittelbaren Einflüssen will sie sich in kindlicher Passivität ergreifen und erfüllen lassen«. Niemand wird leugnen wollen, daß hier die Sprache der Mystik gesprochen und Bilder und Vorstellungen der Mystik verwendet werden. Aber es läßt sich auch nicht bestreiten, daß hier gerade die »Mystik« aufgeboten wird, um ein neues Verständnis des Evangeliums (wenigstens in den ersten Anfängen) anzubahnen. Schleiermacher ist — ähnlich wie Martin Luther vor ihm — nicht bei dieser »Mystik« stehengeblieben, sondern hat eine »Glaubenslehre« geschrieben, in der sich unter anderem auch der Satz findet: »Das Christentum ist eine der teleologischen Richtung der Frömmigkeit angehörige, monotheistische Glaubensweise und unterscheidet sich von anderen solchen wesentlich dadurch, daß alles in derselben bezogen wird auf die durch Jesum von Nazareth vollbrachte Erlösung« (§ 11).

Diese Beobachtungen führen uns zu einem letzten Gedankenkreis, der unter Erwägungen über den »Begriff der Mystik« abrunden soll.
Wer sich heute mit der »Mystik« beschäftigt, kann nicht an der Tatsache vorbeigehen, daß über diesem Begriff ein schweres Verdikt liegt, das es aufzuheben gilt, ehe wir zu einem neuen, sachgemäßen und heutigen theologischen Erkenntnissen angemessenen Verständnis des religiösen Phänomens der »Mystik« kommen können. Seit Albrecht Ritschl (1822—1889) ist es in der neueren Theologie üblich geworden, dem, was wir in der Religions- und Kirchengeschichte als »Mystik« oder »mystische« Elemente kennengelernt und in seiner durchaus zwiespältigen, aber nicht selten für die Christenheit auch positiven Wirkung beobachtet haben, ein scharfes, undialektisches und prinzipielles »Nein« entgegenzuschleudern. Wir wissen heute, daß dieses totale Verdikt Ritschls weniger auf religions- und kirchengeschichtlichen Einsichten und Erkenntnissen, als auf einer sehr einseitigen Deutung der Theologie Luthers und des Neuen Testaments beruht und daher wissenschaftlich nicht haltbar ist. Wenn Ritschl sich einen Begriff von »Mystik« zurechtmachte, der auf ethischen Quietismus, auf individualistische Religiosität und erotisch ausgerichtete Frömmigkeit abhob, so haben wir es bei diesem Begriff eindeutig mit einem Zerrbild zu tun, das in keinem Falle dazu geeignet ist, das vielschichtige Phänomen der »Mystik« in all seiner Mannigfaltigkeit in den Blick zu bekommen. Es verwundert nicht, daß die stark in der Ritschlschen Denkweise verwurzelte sogenannte »Dialektische Theologie« jedes Verständnis für das Phänomen »Mystik« vermissen ließ und das mit diesem Begriff

aufgegebene Problem mit Hilfe von fragwürdigen Einwänden — wie etwa dem, die »Mystik« verwische stets den unendlichen qualitativen Unterschied zwischen Gott und Welt, Gott und Mensch — zum Schweigen brachte. Doch ebenso wie der Ritschlsche Ethizismus verfehlt auch der krasse Kerygmatismus der »dialektischen Theologie« jene Wirklichkeit, in der sich religiöses Leben ereignet und vollzieht, eine Wirklichkeit, die nicht puristischen theologischen Postulaten folgt, sondern durch jenes biblisch so wohl fundierte lutherische »simul« charakterisiert ist, das über sich hinausweist auf die neutestamentliche Botschaft, die uns sagt, daß Gott nicht in der überweltlichen »Reinheit« theologischer Systeme und Begriffe zu uns kam, sondern in einem historischen Menschen, und daß wir ihn nur in diesem Menschen »fassen« können. Die Entscheidung darüber, welche Bedeutung und welchen Wert der Begriff der »Mystik« innerhalb der christlichen Theologie haben darf, fällt nicht auf dem Gebiet der Religions- oder Kirchengeschichte. Diese liefern uns vielmehr nur vielfältige Materialien, die es systematisch zu deuten und zu bewerten gilt.

c) »Mystik« und christlicher Glaube

Der Begriff der »Mystik« ist ebenso wie andere religiöse Begriffe ein Begriff menschlicher Sprache. Wir lehnen den Begriff »Gebet« nicht deswegen ab, weil es faktisch in fast allen außerchristlichen Religionen auch Gebete gibt. Sondern wir fragen uns, wodurch das Gebet zu einer christlichen Größe werden kann, worauf es sich beziehen und was es beinhalten muß, um als solches zu gelten. Sollten wir das nicht auch mit dem Begriff »Mystik« tun, dessen Herkunft aus dem griechischen Denken wir durchaus kennen, und der dennoch im Laufe der Kirchengeschichte — wie wir gesehen haben — neben viel Verwirrung und Verirrung doch auch Kirche und Theologie auf Vergessenes und Verlorenes hinwies und an seinem Teil mit dazu beitrug, sie — wenigstens partiell — an ihren Ursprung und Auftrag zu erinnern?
Könnte nicht gerade ein Zeitalter, dem eine übersteigerte Kerygma-Theologie eine »Entweltlichung« beschert hat und das sich andererseits in einem hektischen, säkularistischen Ethizismus verliert, — ähnlich wie vor 150 Jahren in der Ära Schleiermachers — der Erinnerung bedürfen, daß es ein »mysterion« gibt, das sich uns offenbaren will?
Wir können keine abschließende und ein für allemal gültige Definition von »Mystik« bereitstellen. Aber vielleicht genügt es, wenn wir zum Schluß nochmals darauf hinweisen, was auch die evangelische Theologie und Kirche der »Mystik« verdanken. Das könnte der beste und

zugleich vitalste Anlaß dazu sein, daß wir uns von unsachlichen Vorurteilen befreien lassen und unvoreingenommen der Frage nachgehen, in welcher Form und Gestalt uns jenes Phänomen »Mystik«, das in der Geschichte der Kirche eine so große Rolle spielte, heute und morgen — ablehnend oder zustimmend — herausfordern könnte. —

2. Sakrament und Sakramentales in den Weltreligionen und im christlichen Glauben

Der Versuch, sich über das »Sakrament« nähere Gedanken zu machen, scheint hoffnungslos an der gegenwärtigen theologischen Situation vorbeizugehen, in der man vom »Tode Gottes« spricht und schreibt, von der »Theologie der Hoffnung« beschwingt oder mit der »Theologie der Revolution« beschäftigt ist. Eine Fragestellung also, die allem Anschein nach meilenweit abseits dessen liegt, was (angeblich!) den »heutigen Menschen« (und auch viele Theologen) wirklich interessiert. Auf der anderen Seite steht dieser etwas stark »aktualistischen« Vermutung ein massiver Sachverhalt entgegen, den zu übersehen man sich weder in der Theologie noch in der Kirche leisten kann; die Sakramentsfrage ist seit der Reformation dasjenige Moment, das sowohl die Reformationskirchen von der römisch-katholischen Kirche theologisch weithin trennt, als auch untereinander in verschiedene Lager und Richtungen aufgespalten hat. Und die Sakramentsfrage ist schließlich und endlich diejenige Problematik, an der man in der ökumenischen Bewegung seit mehr als 20 Jahren intensiv gearbeitet hat, ohne bisher auch nur teilweise zu einem weiterführenden Konsensus beziehungsweise Neuansatz zu kommen. Aus diesem Grund läßt sich mit Fug und Recht sagen, daß die Weiterentwicklung der ökumenischen Bewegung ganz entscheidend davon abhängen wird, ob es den nicht-römisch-katholischen Kirchen der Welt gelingt, sich im Blick auf die Sakramentsfrage so zu einigen, daß auf der Basis dieser Vereinbarung ein über das rein Organisatorische hinausgehendes ekklesiologisches Zusammenwachsen der christlichen Kirchen möglich und wirklich werden kann.
Alle *entscheidenden* Fragen des innerökumenischen Gespräches kreisen um die Probleme des Kirchen- und Amtsverständnisses und der Interkommunion, das heißt um die schlechthin zentralen Fragen des *Sakraments*verständnisses. Die Situation, der sich dieses Gespräch heute gegenübersieht, ist in mancher Hinsicht gegenüber der des 16. Jahrhunderts oder auch noch 19. Jahrhunderts eine mehr oder minder stark veränderte. Ich will in aller Kürze versuchen, diesen Wandel an einigen Punkten deutlich zu machen.
Vom 16. Jahrhundert trennen uns inzwischen mehr als 150 Jahre historisch-kritischer und formgeschichtlicher Arbeit am Alten und Neuen Testament. Es ist heute nicht mehr möglich, die Sakraments-

auffassung der eigenen Kirche oder Konfession schlechthin als *die* im Neuen Testament vorausgesetzte zu behaupten, ohne zugleich auch in ein selbstkritisches Verhältnis zu dieser Tradition zu treten. Speziell die religionsgeschichtliche Schule um die letzte Jahrhundertwende hat uns überdeutlich gemacht, daß die christlichen Sakramente — um es in einem sehr pointierten Bilde zu sagen! — nicht »vom Himmel gefallen«, sondern auf dem Boden einer universalen religiösen Wirklichkeit gewachsen sind. Wir haben etwas davon verstehen gelernt, was es heißt, daß mit aller menschlichen auch alle theologische und damit kirchliche Erkenntnis »perspektivisch« ist, das heißt nicht begriffen werden kann ohne die genaue Erforschung ihres Werdens und Wandels in und aus bestimmten Situationen und Konstellationen heraus. Diese (von vielen voreilig beklagte) »Relativierung« theologischen Erkennens und kirchlicher Lehrbildung hat positiv dazu geführt, daß ein (im wahrsten Sinne des Wortes!) »neues« Fragen auch im Blick auf bis dahin für »tabu« gehaltene theologische Probleme einsetzen und sich entwickeln konnte.
Es soll im folgenden (auch nicht in ersten Umrissen) keine Sakraments-Theologie entwickelt, sondern lediglich im Sinne der obengenannten Grundeinsicht elementar danach gefragt werden, welche sachliche Problematik sich uns heute im Zusammenhang mit dem Begriff des »Sakramentalen« nahelegt.

a) Allgemeines

Wer sich heute als christlicher Theologe zu der Frage »Sakrament und Sakramentales« zu äußern hat, kann nicht an der Tatsache vorbeigehen, daß er mit diesen beiden Begriffen eine Wirklichkeit anspricht, die so gut wie allen (höheren) Religionen gemeinsam ist. Es war vor allem die religionsgeschichtliche Schule, die Theologie und Kirche auf diesen fundamentalen Sachverhalt hingewiesen hat. Freilich wissen und sehen wir heute, daß die Art und Weise, wie sie die Fakten deutete, nicht das letzte und auch nicht das sachgemäßeste Wort in dieser Frage sein konnte. Es gab innerhalb der religionsgeschichtlichen Schule gewisse Tendenzen, die darauf hinausliefen, einen biblischen Sachverhalt dann für »irrelevant« zu erklären, wenn man eine überzeugende Herleitung für ihn aus der allgemeinen Religionsgeschichte beizubringen wußte. Dies war natürlich im Blick auf die Sakramente überaus leicht und einfach. Denn nichts ist weniger schwierig als etwa zum urchristlichen Abendmahl zahlreiche Parallelen aus den Überlieferungen der Völker zusammenzutragen, wie dies F. Bammel in seinem 1950 erschienenen Werk »Das heilige Mahl im Glauben der Völker« getan hat. Ähnliches war in früheren Jahrzehnten in zahlreichen Arbeiten über die Abhängigkeit der urchristlichen Taufpraxis von vor- und außerchristlichen Vorbildern und Parallelen gezeigt worden.

Erst die formgeschichtliche Arbeit am Neuen Testament hat uns deutlich gemacht, daß diese rein vergleichend-statistische Methode den eigentlichen Kern des theologischen Problems überhaupt nicht sah, die Frage nämlich, warum, aus welchen Gründen und mit welchen sachlichen Intentionen etwa die Urgemeinde diese oder jene »sakramentale« Praktik ihrer religiösen Umwelt übernommen und sich in mehr oder minder modifizierter Form angeeignet hat.

Doch stellen wir weitere Erwägungen zu diesem Problemkreis vorerst zurück und wenden uns dem Begrifflich-Wortgeschichtlichen zu, aus dessen Durchdringung sich mancherlei wertvolle Einzelaufschlüsse ergeben werden.

b) Die Begriffe

Es gehört fraglos zu den auffallendsten Eigentümlichkeiten der gesamten christlichen Begriffsgeschichte, daß in ihr ein Terminus eine ganz zentrale Rolle spielt, der sich wörtlich *nicht* in den biblischen Dokumenten findet! An diesem Begriff haben sich im Laufe der Jahrhunderte Konfessionen zerspalten und sind Kirchentümer auseinandergebrochen. Am Schicksal des Begriffes »Sakrament« zeigt es sich wie kaum an einem anderen Begriff, was geschah, als das Evangelium sich von seinem palästinensischen Mutterboden löste und den Weg in die gesamte Mittelmeerwelt antrat. Es mußte dabei nicht nur die Barrieren einer bestimmten Kultur und Religion überwinden, sondern sich (wenn anders es verstanden und ergriffen werden wollte!) auch in neue Sprach- und Begriffs-Kleider begeben, die nicht immer das Ergebnis sachgerechter theologischer Maßarbeit waren. Worte, die im Aramäischen einen Klang und eine Bedeutung hatten, die sich im Griechischen kaum oder gar nicht aussagen ließen, mußten dennoch in die fremde Sprache übersetzt werden. Das uns vorliegende Neue Testament ist bereits das Ergebnis solcher Prozesse. Die Griechisch schreibenden Autoren des Neuen Testamentes übernahmen aus der griechischen Tradition Begriffe, die dort bereits eine lange Geschichte hinter sich gebracht hatten und ganz bestimmte Bedeutungsnuancen besaßen. Was im alttestamentlichen Denken »Geheimnisse« Gottes waren, die Er etwa dem gesalbten König, dem Propheten oder Priester offenbarte (oder auch vorenthielt), hatte in der griechischen Welt einen ganz anderen Klang. Wenn der Grieche von »Mysterien« sprach, so klang für ihn in diesem Begriff immer etwas »Aristokratisches« mit, etwas Esoterisches, ein Elite-Denken, wie es etwa die Philosophen pflegten. Oder aber das »mysterion« war im kultischen Sinne »esoterisch«, das heißt nur dem zugänglich, der aufgrund bestimmter, nicht jedermann zugänglicher Weihen ein besonderes Wissen, Ahnen, Erleben oder auch Einswerden mit der Gottheit besaß und erreichte. Beide Nuancen liegen relativ weit entfernt von (oder haben keinerlei Berührung mit) der Rechtssphäre.

Als die Kirche sich vor der Aufgabe sah, die Bibel der Lateinisch sprechenden Welt zugänglich zu machen, gab es in dieser keinen Begriff, der dem griechischen »mysterion« oder den alttestamentlich verstandenen »Geheimnissen Gottes« auch nur entfernt entsprochen hätte. So übernahm man einen Begriff, der ursprünglich rein der *Rechtssphäre* entstammte: das in der gesamten Folgezeit der Kirche so bedeutungsschwer gewordene Wort »sacramentum«. »Sacramentum« war bei den Römern ursprünglich eine bestimmte Geldsumme, die von der klagenden Partei bei der Eröffnung eines Prozesses an einem »locus sacer« (heiligen Ort) deponiert werden mußte und die im Falle des Unterliegens dieser Partei der Gottheit verfiel.

Im juristischen Sprachgebrauch nahm die Bedeutung beziehungsweise der Umfang des Begriffes »sacramentum« dann immer mehr zu, so daß das Wort schließlich soviel bedeutete wie der »Rechtsfall« (causa) oder die »Auseinandersetzung« (controversia). Aus der ursprünglichen Bedeutung von »sacramentum« als »zu hinterlegende Geldsumme« zweigte sich jene Verwendung des Wortes ab, die soviel wie »Eid« bedeutete und die in der römischen Militärsprache der Kaiserzeit den feierlich-sakral vollzogenen Fahneneid bezeichnete. In *dieser* Bedeutung wurde der Begriff dann von Tertullian (ca. 150—225 n. Chr.) in die christliche Kirchensprache eingeführt. Vergegenwärtigt man sich diesen philologisch-semasiologischen Sachverhalt, so erkennt man unschwer die Problematik, die mit der *Herkunft* des Begriffes verbunden ist. Denn einerseits meint er eine sogenannte »heilige *Sache*« (nämlich die Geldsumme), andererseits transzendiert er den Bereich des Dinghaft-Sächlichen und gehört in der Bedeutung »Eid« mehr in den Bereich des Juristischen oder (wie man auch sagen könnte) des »Personalen« und »Verbalen«. Schon Ferdinand Kattenbusch, der Altmeister der protestantischen Symbolforschung, hat die Vermutung geäußert, daß (obwohl uns dafür Quellenbelege im einzelnen fehlen) der Begriff »sacramentum« bereits im frühen 2. Jahrhundert im volkstümlichen christlichen Sprachgebrauch als Äquivalent für die »causa« (die Sache) des Christentums als ganze gebraucht worden sein könnte und daß sich aus dieser ursprünglichen Total-Bedeutung dann im Laufe des späten 2. und 3. Jahrhunderts die klassisch gewordene Bedeutung »Sakrament« gebildet habe.

Nimmt man den begriffsgeschichtlichen Hintergrund des griechischen »mysterion« hinzu, das ja in der gesamten griechisch-sprechenden Ur- und Frühkirche die Stelle des lateinischen »sacramentum« innehatte, so wird deutlich, daß auch dieser Begriff bereits eine lange Formung und Prägung durchlaufen hatte, ehe er einen wichtigen Platz in der Kirchensprache gewann. Für den Griechen war »mysterion« als religiöser Begriff schlechthin alles, was die Gottheit beziehungsweise das »Religiöse« ganz allgemein betraf.

Doch hatte sich im Laufe der Jahrhunderte eine Bedeutungsnuance herausgebildet, die bei der Übernahme des Begriffs durch die Christenheit besonders stark zum Tragen kommen sollte. In der spätgriechisch-hellenistischen Welt mit ihren zahllosen Kulten und esoterischen religiösen und quasi-religiösen Gemeinschaften erhielt der Begriff eine »elitäre« Färbung: zwar glaubte man an die Gegenwart des »mysterion« auch innerhalb des offiziellen Staatskultes und seiner religiösen Begehungen und Praktiken. Aber man erwartete zunehmend ein größeres, höheres und tieferes »Maß« an mysterienhaftem Erleben innerhalb der mehr privaten oder heimlichen Kulte, die wie Pilze aus dem spätantiken griechisch-orientalischen Boden schossen. Innerhalb dieser Mysterienkulte vermutete und propagierte man eine »intensivere« Anwesenheit des »Heiligen«, als sie etwa im Staatskult gegeben war und versprach sich von ihr auch eine größere und umfassendere »Heiligung« der Kultgenossen. Hatten die »mysteria« des offiziellen Staatskultes sozusagen vollen Öffentlichkeitscharakter, das heißt waren sie allen zugänglich, so bildete sich in den Mysterienkulten zwangsläufig das aus, was man später in der Kirche die »Arkan-Disziplin« nannte. Die »mysteria« wurden immer weiter in den Bereich des Dunklen, Geheimnisvollen, Rätselhaften und damit auch des massiv Magischen, von gefährlichen Kräften Geladenen entrückt, wo sie nur den durch viele Weihen Hindurchgegangenen zugänglich sein sollten. Diese Weihen mußten darum detailliert organisiert und in einer sehr differenzierten Stufenleiter qualitativ und quantitativ voneinander abgehoben werden. Das geschah vor allem durch Praktiken der Versiegelung (σφραγίς) beziehungsweise durch spezielle Einsicht und Erleuchtung (φωτισμός).

Diese Entwicklung bedeutete aber, daß der Zugang zu den »mysteria«, der ja ursprüglich jedermann offengestanden hatte, immer schwieriger und komplizierter wurde. Die »mysteria« verwandelten sich mehr und mehr in magische und für den Nicht-Eingeweihten sogar mit einer gefährlichen *negativen* Kraft geladene Größen. Die Frage nach dem richtigen und sachgemäßen *Zu-Gang* zu ihnen konnte schließlich alle anderen Fragen überlagern.

c) Die »Sache«

Doch wollen wir hier mit den begriffsgeschichtlichen Überlegungen (vorerst) abbrechen und weitergehen zu der wichtigen Frage, was das sogenannte »Sakrament« rein religionsphänomenologisch beinhaltet, welche Funktion es im Gesamtbereich der Religion ausübt und wo neben anderen Grundformen des Religiösen (etwa denen der reinen Ekstase auf der einen und denen des verständlich gesprochenen Wortes, also der Predigt, auf der anderen Seite) sein spezifischer *Ort* und seine ihm eigentümliche *Bedeutung* und *Wirkung* zu suchen sind. Es kann ja nicht übersehen werden, daß es vornehmlich *diese* Fragen sind, die auch innerhalb einer christlichen Sakramentstheologie bis heute zu den eigentlich kontroversen Punkten gehören, die in konkreten Fällen den Zusammenschluß von Kirchen be- oder verhindern und vor allem die römisch-katholische Kirche von irgendeiner Form der Interkommunion mit den Kirchen der Ökumenischen Bewegung fernhalten. Ich meine darum, daß im Blick auf die Frage nach *Ort*, Bedeutung und *Wirkung* der Sakramente wichtige Grundsatzentscheidungen für die Sakramentslehre überhaupt fallen. Was schon für den Begriff »sacramentum« beziehungsweise »mysterion« galt, wird natürlich in irgendeiner (noch näher zu bestimmenden) Weise auch für diese Frage gelten. Die Christenheit hat hier nicht ab ovo Neues geschaffen, sozusagen traditions- und geschichtslos gedacht, empfunden, gehandelt und formuliert, sondern sie fand mannigfach ausgeprägte Praktiken »sakramentaler« Art vor, die sie rezipierte und im Rahmen dieser Rezeption mehr oder minder stark interpretierte und damit natürlich auch in ihrem Sachgehalt modifizierte. Gegenüber der Fragestellung, wie sie im wesentlichen innerhalb der religionsgeschichtlichen Schule üblich war (s. o.), nämlich in einer manchmal fast statistischen Form Parallelen zu biblischen Texten und religiösen Praktiken der Urchristenheit oder der frühen Kirche zusammenzutragen und solche christlichen »Größen« aus dem Raum der allgemeinen Religionsgeschichte — wie man sagte — »abzuleiten«, sehen wir uns heute (vor allem durch die Erkenntnisse der form- und traditionsgeschichtlichen Forschung) vor die sehr viel schwierigere, aber auch ergiebigere Aufgabe gestellt, historisch-kritisch und theologisch zu ermitteln, *warum* und mit welchen theologischen Überlegungen die früheste Christenheit solche Übernahmen vollzog. Wir wissen längst, warum Paulus zum Beispiel für Jesus von Nazareth den Kyrios-Titel wählte, warum Lukas in seiner Weihnachtsgeschichte vom »soter tou kosmou« spricht und warum das Johannes-Evangelium nach dem Hauptbegriff griechischer Philosophie, nach dem »logos« greift, um mit Hilfe des Begriffes in seiner Situation die urchristliche Botschaft zu formulieren. Im Blick auf das, was die kirchliche Theologie seit Tertullian »sacramentum« nennt, ist es um unsere Einsichten längst nicht so gut bestellt. Deswegen erscheint es ratsam, daß wir uns in einem kurzen Durchgang zwei Fragen vorlegen, die getrennt zu erwägen sind, obwohl sie sachlich aufeinander bezogen werden müssen:

(1) was antwortet uns die allgemeine Religionsgeschichte auf die Frage nach jenen Größen, die wir im christlichen Raum »Sakramente« nennen?

(2) wo liegen jene Nahtstellen, an denen einerseits die enge Verbindung der frühchristlichen Sakramentstheologie mit der jüdischen und heidnischen Umwelt erkennbar wird, sich zugleich aber auch eine quantitative oder qualitative Andersartigkeit frühchristlichen »Sakramentsverständnisse« zeigt?

(1) Friedrich Heiler hat in seiner großangelegten Religionsphänomenologie »Erscheinungsformen und Wesen der Religion« (Stuttgart 1961) jenen Kreis abgesteckt, der innerhalb der Welt der Religionen diejenigen Größen umschließt, die wir mit dem Begriff »Sakrament« oder »Sakramentales« bezeichnen. Er nennt diese Größen mit einem sehr weiten Allgemeinbegriff »die heilige Handlung« (S. 176 ff.). Innerhalb des Bereiches »heiliger Handlungen« unterscheidet er im ganzen sechs Unterbereiche: 1. apotropäische (abwehrende) Riten; 2. eliminatorische (gewisse Dinge entfernende beziehungsweise beseitigende) Riten; 3. Reinigungsriten; 4. Opfer(riten); 5. (das) Mysteriendrama und schließlich 6. die sogenannten »Einigungsriten«.

Sucht man nach dem »gemeinsamen Nenner« aller dieser Riten, so kann man abschließend sagen, daß sie alle sogenannte »Handlungen« darstellen, also Vorgänge, Aktionen und Tätigkeiten bezeichnen, die zu irgendeinem bestimmten Zweck vollzogen werden. Sie unterscheiden sich durch ihren Tätigkeits- beziehungsweise Handlungscharakter eindeutig vom reinen Wort, von der lautlosen inneren Andacht oder dem spekulativen Denken, das sich bewußt oder unbewußt von der Außenwelt abwendet.

Sie machen damit deutlich, daß der Mensch nie *nur* ein denkendes, redendes und hörendes Wesen ist, sondern daß zur vollen Realisierung des Menschseins auch das so oder so vollzogene *Tun* (die Handlung) gehört. Während sich das Denken in hochgeistige Abstraktion oder auch tiefsinnige Spekulation verlieren und damit seinen Realitätsbezug weitgehend oder ganz einbüßen kann, ist dies im Blick auf die Handlung nur sehr schwer möglich. Die Handlung kann nicht auskommen ohne ein Mindestmaß an Konkretion, das heißt an unmittelbarem Realitätsbezug. Kierkegaard würde hier gesagt haben: das Handeln kann man nicht »denken«, man muß es *tun*!

Es ist religionsgeschichtlich äußerst interessant, einmal zu beachten, daß praktisch *nur* solche religiösen Gemeinschaften auf jeden Kult, jede Liturgie und auch auf das »Sakramentale« verzichten, die sich am sogenannten »inneren Licht« orientieren! Das heißt: deren implizite »Theologie« von der gänzlich unbiblischen Voraussetzung ausgeht, es bedürfe keinerlei »äußerer Ordnung« und Regelung, weil alles »Äußere« dem »inneren Walten des Geistes« von Hause aus entgegenstehe[1].

Wir wollen von den zahlreichen »heiligen Handlungen«, die die Religionsgeschichte kennt, hier (um der Einfachheit des Verfahrens willen) nur jene beiden ins Auge fassen, die im christlichen — und hier wieder vorwiegend im protestantischen Bereich — als »Sakramente« rezipiert wurden: die Taufe und das Abendmahl. Heiler subsumiert die Taufe unter den Begriff »Reinigungsriten«. Er nennt in diesem Zusammenhang außer dem Wasser auch das Feuer, das Blut und die Enthaltsamkeit (letztere im weitesten Sinne). Daß im Christentum fast ausschließlich der Reinigungsritus der *Wasser*-Taufe Bedeutung und Geltung gewann, läßt sich religions- und kulturgeschichtlich sehr leicht erklären: das Christentum entstand im Raume der östlichen Mittelmeerkultur innerhalb einer klimatischen Zone, in der »Wasser« und »Waschen« natürlicherweise eine große Rolle spielen mußten. Vorbilder für diese mit Wasser vollzogenen Reinigungspraktiken gab es in der Umwelt Israels in großer Fülle. Sie drangen (wie etwa Qumran zeigt) zwar relativ spät nach Israel ein, kamen aber über die »Brücke« des Kreises um Johannes den Täufer zu unmittelbarer Wirkung auf das Urchristentum. Für die urchristliche Heiden-Mission, soweit sie

[1] das gilt in besonderer Weise für die Quäker. In der neuesten Kirchengeschichte ist in Japan, vor allem unter Akademikern, eine Bewegung entstanden, die sich »Nicht-Kirche-Bewegung« (Mukyokai) nennt und die ebenfalls auf das geistliche Amt und die christlichen Sakramente verzichtet.

sich nach Kleinasien und Griechenland hin erstreckte, gab es vielfältige Möglichkeiten der Anknüpfung an solche Wasserriten.
Wie wir heute sehr wohl wissen, besteht bei allen (im einzelnen nachweisbaren) Gemeinsamkeiten zwischen diesen Wasserriten und der urchristlichen Taufe ein fundamentaler Unterschied zwischen ihnen: sowohl im Kreise um Johannes den Täufer wie auch in der urchristlichen Praxis muß die Taufe von Anfang an als prinzipiell *ein*-maliges Geschehen vollzogen worden sein. Es wäre einiger theologischer Mühe wert, einmal der Frage nachzugehen, *wo* dieser Wandel von der mehrfach applizierten zur grundsätzlich nur *einmal* vollziehbaren Taufe seinen »Sitz im Leben« und seine theologische Begründung hatte. Die Konstatierung religionsgeschichtlicher Parallelen zur urchristlichen Taufe sagt relativ wenig oder nichts über die entscheidende Sach-Frage aus, *warum* es im Urchristentum *nur* die einmalige Taufe gab. Wir müßten an dieser Stelle fragen, ob sich mit der Übernahme der vor- und außerchristlichen Wassertaufe das Urchristentum nicht ein Element aneignete, das ihm (als solches) von Hause aus fremd war und das man dann doch — nachdem eine theologische Neu-Bestimmung dieser Praktik sie im Grunde verändert hatte — bedenkenlos übernehmen konnte. Wieweit — so müßte diese Frage etwa lauten — hat das israelische heils- und bundesgeschichtliche Denken hier ein »Element« aufgegriffen und zugleich umgeformt, das von Hause aus dem geschichtslosen Denken der magischen Naturreligion angehörte?
Ähnliches könnte und müßte man im Blick auf das Abendmahl fragen. Die Religionsgeschichte ist voll von Traditionen und Praktiken, die man unter den Begriff »Heiliges Mahl« subsumieren kann. Es unterliegt keinem Zweifel, daß diese Praktiken ursprünglich auf massiv magischen, auf animistischen und fetischistischen Vorstellungen beruhten. Wieweit, so müßte man fragen, waren solche Vorstellungen auf dem Boden der palästinischen, judenchristlichen Gemeinde (mit der Tradition Israels im Hintergrund!) denkbar und möglicherweise wirksam? Bedeutet die Mahlgemeinschaft in Israel nicht primär etwas anderes als die kultische Aneignung von magischer Kraft (in Gestalt von Fleisch oder Blut)?
An der geschichtlichen Entwicklung des Passa-Gedankens in Israel wird ja deutlich, daß hier ein ursprüglich vor- und außerisraelitischer Opfer- und Blutritus eine fundamentale Uminterpretation in das Schema der Heilsgeschichte hinein erfuhr. Spätestens die deuteronomistische Theologie hat ihn in vollem Umfange vollzogen.
Versucht man, an den beiden genannten »Sakramenten« den Unterschied zwischen außerbiblischer und biblischer Auffassung herauszu-

arbeiten, so wird man etwa sagen können: sowohl Israel wie auch die Urchristenheit haben sich »heidnische« Praktiken angeeignet. Darüber kann kein Streit entstehen. Ganz entscheidend ist aber in diesem Zusammenhang die Frage: *wie* hat man diese Praktiken übernommen, das heißt: in welcher Form hat man sie verstanden und gedeutet? Die theologische Deutung geschieht in Israel auf das heilsgeschichtliche Geschehen der Führung des Volkes durch seinen Gott Jahwe (Beispiel: Passa), im Neuen Testament auf die Einmaligkeit und Unüberbietbarkeit des Handelns Gottes in Jesus Christus hin. »Gegenstand« und »telos« israelitisch-urchristlichen »Sakraments«-Denkens und -Handelns sind also nicht irgendwelche »magische« Kräfte, sondern die kontingenten Ereignisse der Heilsgeschichte des »alten« und des »neuen Bundes«. Das »Sakrament« (sei es nun die Beschneidung, das Passafest, die urchristliche Taufe oder das Abendmahl) stellt die, die an ihm teilhaben, in eine ganz bestimmte Beziehung zu diesen Ereignissen (das heißt aber: nicht zu magischen Kräften, sondern zu Gottes vergangenem und damit auch gegenwärtigem *Tun!).* Während das heidnische »Sakrament« Kräfte entweder dinglich übermittelt oder auch Gefahren ebenso dinglich bannt und abwehrt, *wieder*holt das judäochristliche »Sakrament« zwar die Heilsgeschichte nicht, aber es repräsentiert sie, das heißt macht sie für den Kultgenossen »präsent«. Er bekommt und »hat« damit An-teil an dem, was Gottes Handeln in der Geschichte (in der Vor-Zeit) für *ihn* im »hic et nunc« geschaffen und verwirklicht hat. Für eine differenzierte Betrachtung des urchristlichen »Sakraments«-Verständnisses im Vergleich zu heidnisch-magischen »Vorbildern« der christlichen »Sakramente« bedeuten diese Erkenntnisse sehr viel!

(2) Einerseits liegt es klar auf der Hand, daß die Urchristenheit sich nicht scheute, auf solche »Handlungen« ihrer religiösen Umwelt zurückgreifen und sie im eigenen Kult zu feiern. Andererseits sind aber sowohl Be-Gründung wie auch »teleologische« Ausrichtung dieser »sakramentalen« Handlungen so grundverschieden von jener »Qualität«, die diese Handlungen im heidnischen Raum besaßen, daß man nur von einer *»tangentialen«* Gemeinsamkeit beider Bereiche sprechen kann. Anders formuliert: jede Form der sogenannten »Natur«-Religion, sei sie nun fetischistisch, magisch oder primär auf das Fruchtbarkeitsmotiv abgestellt (so etwa der kanaanäische Baals-Kult), bringt »sakramentale« Symbole hervor, die sich durch eigene, ihnen substantiell innewohnende »Mächtigkeit« (verstanden als Seins-Qualität) auszeichnen und in diesem Sinne »positiv« oder auch »negativ« wirken. In der »geschichtlichen« Religion läßt sich diese Auffassung sehr schwer unter-

bringen, wenn sie nicht gar ausgeschlossen ist! Denn in ihr kommt es — im Gegensatz zur Natur-Religion, in der das Magisch-Seinshafte im Vordergrund steht — auf Begegnung und »Er-Fahrung« (im weitesten Sinne des Wortes!) an.
Diesen Sachverhalt kann man sich sehr leicht an der philologischen Tatsache deutlich machen, daß sämtliche Leit-Begriffe der alttestamentlichen theologischen Sprache Relations- bzw. Korrespondenzbegriffe sind. Man denke nur an die Begriffe »Bund« (berit), Gemeinschaft(streue) (chäsäd) und Treue (ämunah).

d) Das Problem

Wir haben gesehen, daß der Begriff »sacramentum« (besonders in seiner griechischen Übersetzung mit »mysterion«) ein vielschichtiges Phänomen umfaßt. Seine Herkunft aus der juristischen Sphäre wird man ebenso bedenken müssen wie seine Vorgeschichte im griechischen »mysterion«, das immer einen gewissen esoterischen und »elitären« Klang trug. Die *erste* Frage, die sich der christliche Theologe im Blick auf diesen Begriff prinzipiell stellen muß, ist *die,* ob er überhaupt (seiner Herkunft und »Füllung« nach) geeignet ist, genau *das* zum Ausdruck zu bringen und sachgemäß zu umschreiben, was die Urchristenheit (oder schon vorher Israel) mit ihren »kultischen Handlungen« zu tun und darzustellen beabsichtigte.
Diese Aufgabe bezieht sich natürlich *auch* auf die im Laufe der Kirchengeschichte erfolgte Unterscheidung zwischen »Sakramenten« und »Sakramentalien«. Beruht diese Differenzierung — so könnte man fragen — nicht auf einem vor-christlichen »Mächtigkeitsdenken«, innerhalb dessen die Vorstellung verschieden »mächtiger« Seinsqualitäten durchaus vorhanden und begreiflich ist, eine Vorstellung freilich, die den Grundstrukturen des biblischen Denkens unvereinbar entgegengesetzt zu sein scheint? Das alles würde heißen, daß der traditionelle christliche »Sakraments«-Begriff dem grundsätzlichen und kritischen theologischen Gespräch ausgeliefert werden muß! Die theologische Arbeit seit der Reformation und dem Tridentinum kann ja nicht ausgerechnet in *dieser* Sache gänzlich unfruchtbar gewesen sein und uns keinen einzigen Schritt weitergebracht haben, während sie das im Blick auf fast alle sonstigen theologischen Fragen getan hat! Eine *zweite* Frage bezieht sich (über das rein Begriffliche hinaus) auf die eigentliche *Sach*-Problematik des »Sakraments«. Sie lautet etwa folgendermaßen: inwieweit verkörpern die in den christlichen Kirchen vollzogenen »Sakramente« einerseits in ihrer theologischen Begründung und Inter-

pretation, andererseits in ihrer »praktischen Durchführung« jene theologischen Grundstrukturen, die wir heute aufgrund sorgfältiger wissenschaftlicher Forschung am Alten und Neuen Testament als »die *biblischen* Grundstrukturen« bezeichnen müssen?

Von dieser Frage zweigt sich sozusagen als Unter-Frage jene andere notwendigerweise ab: in welchem Umfang (quantitativ und qualitativ) sind die christlichen »Sakramente« und »Sakramentalien« sowohl in ihrer theologischen Begründung wie auch in ihrem »praktischen Vollzug« heute noch von Motiven beherrscht und »überlagert«, die ihrer Herkunft und ihrem Wesen nach definitiv vor- und un-christlich sind? Was konkret mit dieser Frage gemeint ist, läßt sich sehr einfach ausdrücken: wie steht es um die »ex-opere-operato-Wirkung« der kirchlichen Taufe und um die sogenannte »munducatio-impiorum« beim Abendmahl?

Eine *dritte* und letzte Frage: daß das dinglich verstandene »Sakrament« der Natur-Religion völlig angemessen ist, leuchtet sehr wohl ein. Was geschieht aber mit ihm, wenn man es transponiert auf den Boden und in den Raum einer in der Geschichte verankerten und an geschichtlichen Erfahrungen ausgerichteten Theologie, wie wir sie in Israel und im Neuen Testament fraglos vor uns haben? Die geschichtliche »Religion« lebt im wesentlichen von der in der jeweiligen Gegenwart erfahrenen re-praesentatio des vergangenen Tuns Gottes, das doch als solches immer auch »gegenwärtig« ist. In welcher »Weise« ver-*gegenwärtigt* sich *uns* Gottes Tun in der Vergangenheit? An dieser Stelle bricht vielleicht die zentralste Frage auf, vor der alle christliche »Sakraments-Theologie« von Anfang an stand und heute immer noch steht: ist das »verbum« als gesprochenes, gepredigtes »Wort« das allein angemessene und deswegen auch einzig mögliche »Medium« dieser Ver-Gegenwärtigung? Anders gesagt: brauchen wir neben dem sogenannten »reinen Wort« noch ein anderes »Medium« der Vergegenwärtigung von Gottes vergangenem Tun — und *warum* brauchen wir es (wenn wir diese Frage bejahen)? Könnte die Zwei-heit von »Wort« und »Sakrament« bestimmte zentrale Gehalte des biblischen Denkens besonders adäquat zum Ausdruck bringen? Freilich nicht in *der* Form (die seit der Reformation auch protestantisches »Sakraments«-Denken ständig bedroht hat und noch bedroht), daß das »Sakrament« dem Wort gegenüber dann doch (unter der Hand) eine »andere« oder gar »höhere« Qualität annähme als das sogenannte »bloße Wort«?

Mit dieser dritten Frage ist aber nicht weniger angesprochen als das prinzipielle Problem einer vor dem Gesamt der biblischen Botschaft verantworteten Verhältnisbestimmung von »Wort und Sakrament«.

Diese Frage scheint mir bis heute die vordringlichste und sachlich gewichtigste Frage protestantischer »Sakraments-Theologie« zu sein. Sie tangiert nicht nur ein »konfessionelles« Problem, sondern reicht (wie ich meine) bis in die letzten Tiefen unserer Theologie und unseres Glaubens: *wie*, auf welchen Wegen und mit welchen »Mitteln« bietet uns Gott Seine Bundes-Treue, Seine Gnade und Gemeinschaft an und »über-eignet« sie uns? Daß es sich bei dieser Frage nicht um ein Spiel mit theologischen Spitzfindigkeiten, sondern um *das* »Herzstück« christlicher Theologie und christlichen Glaubens handelt, sollte uns Ansporn und Bewegung genug verleihen, ein theologisch so schwieriges und heikles Problem wie die Frage nach Sinn, Bedeutung von »Sakrament« und »Sakramentalem« für unsere Theologie und Kirche in einem intensiven Gespräch *neu* zu durchdenken. —

Weiterführende Fragen und Anstöße

> Wenn (biblisch verstandener) Glaube sich zwischen »Personen« (Gott bzw. Jesus Christus und Mensch) vollzieht, welche sinnvolle bzw. notwendige Bedeutung kann dann eine »Sache« (*das* Sakrament!) innerhalb dieses Geschehens haben?

> Worin würden Sie den wesenhaften Unterschied zwischen einer magisch-heidnischen Kult-Zeremonie und einem christlichen Sakrament sehen?

> Formulieren Sie für sich selbst und für das Gespräch mit anderen im Blick auf die Sakramente diejenigen Fragen, Bedenken und Zweifel, mit denen Sie am wenigsten zurechtkommen!

Weiterführende Literatur

B. Piault, Was ist ein Sakrament? 1964 (= Der Christ in der Welt. Eine Enzyklopädie. VII. Reihe: Die Zeichen des Heils, 2. Band)

E. Roth, Sakrament nach Luther, 1952 (= Theologische Bibliothek Töpelmann, Heft 3)

P. Tillich, Systematische Theologie, Band III, S. 144 ff.

E. Fuchs, Das urchristliche Sakramentsverständnis. 2. Aufl. 1965

M. Köhnlein, Was bringt das Sakrament? Disputation im K. Rahner, 1971

3. »Straft« Gott seine »Feinde« in alle Ewigkeit?

Kaum eine andere Frage hat die Philosophen und Theologen der vergangenen zwei Jahrtausende mehr angezogen und umgetrieben, als die nach dem »Ursprung des Bösen«. An Gewicht und Bedeutung kommt ihr nur diejenige gleich, was der Sinn und das Ziel des menschlichen Lebens und der Welt und ihrer Geschichte im ganzen sei.
Zu den unergründlichen Problemen, die sich aus der Sinnfrage ergeben, gehörte in der christlichen Theologie von Anfang an auch die Frage nach dem »ewigen« Schicksal der Nicht-Glaubenden. Sie alle in die »Hölle« zu verdammen und »für immer« fürchterlichen Strafen und Peinigungen preiszugeben, war nur *eine* jener Antworten, die man schon in früher Zeit auf diese Frage gab.
Im Laufe der Kirchengeschichte bildeten sich nebeneinander drei Deutungen des endzeitlichen Schicksals der Nicht-Glaubenden heraus:
I. Die Annahme, daß am Ende der Welt- und Heilsgeschichte ein endloser Dualismus zwischen Gott und den Seligen auf der einen und dem Teufel und allen unseligen Wesen auf der anderen Seite bestehen und ewig fortdauern werde. Diese Auffassung hat das ganze Mittelalter über und auch während der Neuzeit das kirchliche Denken und Predigen im allgemeinen bestimmt.
II. Neben die Lehre von einem ewigen Dualismus zwischen Gott und dem Teufel, den Seligen und Verdammten, trat schon in der alten Kirche eine zweite, die über die unmenschliche Härte ewig anhaltender Strafen und Peinigungen dadurch hinauszukommen suchte, daß sie den Dualismus beseitigte, indem sie ihn durch die Behauptung der Existenzvernichtung der Gottlosen aufhob. In der theologischen Fachsprache nennt man diese Lehre deswegen auch »annihilatio«: Auflösung der Gottlosen in das Nichts.
III. Zu diesen beiden Lehren gesellte sich schließlich eine dritte, um deren Darlegung und Verständnis wir uns hier bemühen wollen: die Lehre von der sogenannten »apokatastasis toon pantoon«, restitutio omnium, Wiederbringung aller Dinge oder der endlichen Allversöhnung. Man bezeichnet sie auch als »eschatologischen Universalismus«, weil sie am Ende der Heilsgeschichte alle Menschen in den Bereich der erlösenden Gnade Gottes einbezieht.
Einer der größten »Apostel« des Allversöhnungs-Gedankens war der 1949 verstorbene russische Religionsphilosoph Nicolai Berdiajew, der

mit seinem tiefsinnigen Ausspruch: »Der Mensch ist unheilbar religiös« in einem einzigen Satz mehr Wahrheit erfaßte, als alle Säkularisations- und »Gott-ist-tot«-Propagandisten in vielen hundert Büchern und Broschüren!

Gegen das offizielle Bekenntnis der orthodoxen Kirche fordert er mit letzter Entschiedenheit: »Wir müssen aber mit allen Kräften unseres Geistes danach trachten, daß alle gerettet würden. Wir müssen uns zusammen, in Gesammeltheit, nicht aber einzeln retten[1].« Das Christus-Geschehen ist ihm ein Ereignis von überpersönlich-kosmischer Tragweite: »Als ein Tropfen Blutes, das Christus auf Golgatha vergossen hat, auf die Erde niederfiel, ist die Erde eine neue geworden. Wenn wir das aber nicht mit unseren sinnlichen Augen sehen, so infolge der sündhaften Begrenztheit unserer Aufnahmefähigkeit. Das ganze Weltleben und das ganze Menschenleben ist nach dem Erscheinen Christi bereits ein anderes geworden und stellt eine neue Schöpfung dar[2].«

Die Entstehung der kirchlichen Lehre von ewigen Höllenstrafen erklärt sich Berdiajew psychologisch: »Ich zweifle nicht im mindesten daran, daß in der harten Lehre von den ewigen Höllenqualen sadistische Instinkte umgeformt werden[3] ... Die Hölle existiert als menschliche Erfahrung, als menschlicher Weg. Aber ungeheuerlich ist jede Ontologie der Hölle[4].«

Berdiajews theologische Opposition gegen die traditionelle Höllenlehre wurzelt letztlich in seiner Ablehnung aller juristischen Deutung und Auffassung des Religiösen. Er wendet sich damit unausgesprochen gegen Tertullian, Augustin und Martin Luther, in deren Systemen der juristische Terminus *iustificatio* eine entscheidende Rolle spielt. Als russisch-orthodoxer Denker sieht er darin ein spezifisch westlich-lateinisches Erbe am Werk: »Wenn die Idee der Hölle früher in der Kirche beibehalten wurde, so stößt sie heute, als sadistische Idee, lediglich von der Kirche ab und behindert die Rückkehr in sie. Eine juristische Religion paßt heute nicht zum Menschen; gar zu sehr wird der Mensch in der Welt hin und her gerissen. Das Juristische ist ganz und gar vom Reiche Caesars übernommen worden, und Caesar versteht es ausgezeichnet, die Menschen damit zu ängstigen. Für mein religiöses

[1] Die Philosophie des freien Geistes. Tübingen 1930, S. 371

[2] a.a.O., S. 209

[3] Selbsterkenntnis. Versuch einer philosophischen Autobiographie. Darmstadt und Genf 1953, S. 78

[4] a.a.O., S. 79

Empfinden und Bewußtsein wären auch jene Elemente des Christentums selbst nicht anzunehmen, die einen juristischen, strafenden Charakter haben und mit der Hölle schrecken wollen[5].«
Origenes wird als der Lehrer gefeiert, der »von diesem sadistischen Element frei« war[6]. Berdiajew geht sogar so weit, daß er einen strengen Trennungsstrich zwischen dem Jesus der Bergpredigt und dem der Gleichnisse zieht: »Christi ganze Lehre ist durchdrungen von Liebe, Barmherzigkeit, Allverzeihen, unendlicher Menschenliebe, die die Welt früher nicht gekannt hat... Christus kam nicht, um zu richten, sondern um zu retten, und zwar alle zu retten. ... Man vergleiche aber den Geist der Bergpredigt, ja überhaupt den ganzen Geist des Evangeliums mit den Gleichnissen. In den Gleichnissen nimmt der Hausvater gewöhnlich eine scharfe Trennung der Menschen vor und alle, die seinen Willen nicht erfüllt haben, verbannt er in das höllische Feuer, wo Heulen und Zähneklappern ist[7].«
In kontradiktorischem Gegensatz zu all denen, die aus irgendeinem Grunde an ewigen Höllenstrafen festhalten wollen, stellt Berdiajew diesen Gedanken als äußersten Feind der Wahrheit hin: »Ich komme hier zu einem Thema, das mich mehr quält als das Thema vom Tode. Es ist das Problem des ewigen Unterganges in der ewigen Hölle — das qualvollste aller Probleme, die sich dem menschlichen Bewußtsein aufdrängen. Nun scheint mir folgendes besonders wichtig zu sein: lassen wir das Vorhandensein ewiger Höllenqualen zu, so verliert mein geistiges und sittliches Leben überhaupt jeden Sinn und jeden Wert, verlief es ja doch im Zeichen des Terrors. Im Zeichen des Terrors kann keine Wahrheit offenbar werden[8].«
Berdiajew bekennt, daß sein Glaube an das Evangelium als Botschaft allversöhnender Liebe und seine Ablehnung der ewigen Höllenstrafen letztlich in die Fürbitte für allen Menschen ausmünden: »Ich bete jeden Tag für alle, die Höllenqualen leiden, und gehe eben hierdurch von der Voraussetzung aus, daß diese Qualen nicht ewig sind; das ist für mein religiöses Leben sehr wesentlich[9].«

[5] a.a.O., S. 339
[6] a.a.O., S. 324. Zu Origenes siehe unten, Anm. 13
[7] a.a.O., S. 338
[8] a.a.O., S. 328
[9] a.a.O., S. 339

a) Was sagen die Weltreligionen, das Alte und Neue Testament zur »ewigen Hölle«?

Allversöhnungsgedanken finden sich bereits in der altpersischen Religion (Parsismus)[10]. Vor allem aber in der personalen Gnadenreligion des Amidha-Buddhismus[11], sowie (in gewissen Anklängen) bei manchen stoischen Philosophen.

Das Alte Testament spricht nur an wenigen Stellen von einem über die Grenzen des Volkes Israel hinausreichenden Heilsratschluß Gottes, so besonders bei Deutero- und Trito-Jesaia (Jesaja 11,6 ff.; 45,22—24; 65,17; cf. auch Habakuk 2,14 u. a.). Dabei wird bisweilen die Hoffnung geäußert, daß Gottes zukünftiges Friedensreich auch die Heiden einschließen werde.

Das nachexilische Judentum hat das Dogma von endlosen Höllenstrafen wenigstens im Hinblick auf das eigene Volk dadurch abgeschwächt, daß es der Vermutung Ausdruck gab, ein Beschnittener könne nicht ewig verlorengehen. Im nachbiblischen Judentum nahm man in manchen Kreisen sogar an, daß den Verdammten am Sabbat(tag) vorübergehend Befreiung von ihren Qualen gewährt würde.

Innerhalb des Neuen Testamentes[12] kommen für unseren Zusammenhang neben vielen anderen Stellen vor allem solche bei Paulus und Johannes in Frage:

In Römer 5,12—21 äußert sich Paulus über die Bedeutung der beiden Kardinalgestalten der Menschheitsgeschichte, Adam und Jesus von Nazareth. Er konstatiert im 18. Vers die Rechtfertigung aller Menschen als einen bereits geschehenen Vorgang, ohne sie ausdrücklich an die Erfüllung einer göttlichen Bedingung durch die Menschen zu knüpfen. Einige Seiten weiter, im 11. Kapitel, befaßt er sich abschließend mit der Geschichte des Volkes Israel (und damit implizit mit der Geschichte des Menschengeschlechts überhaupt), wobei er zu dem Schluß gelangt, daß Gott alle unter den Unglauben beschlossen habe, um sich endlich auch aller zu erbarmen. Im letzten Vers desselben

[10] vgl. dazu unsere in Anm. 13 erwähnte Origenes-Studie (dort S. 176). Ferner: F. Heiler, Erscheinungsformen und Wesen der Religion, S. 502 und 530

[11] entsprechende Texte finden sich bei: H. Haas, »Amida Buddha unsere Zuflucht«, 1910, vor allem S. 86 ff.

[12] über das Neue Testament informieren auf breiter Grundlage: W. Michaelis, Versöhnung des Alls, 1950, und H. Schumacher, Das biblische Zeugnis von der Versöhnung des Alls, 1959

Kapitels fügt er dem hinzu, daß alle Dinge der Schöpfung ihren Ursprung und Bestand in Christus hätten und ihre endgültige Richtung auf Ihn hin nehmen würden.
Ähnliche Gedanken trägt Paulus im 15. Kapitel des ersten Korintherbriefes vor. Christus, so schreibt er, wird einst alle seine Feinde unterwerfen, um dann, nachdem sein Heilswerk vollendet ist, selbst Gott, dem Vater untertan zu werden, damit »Gott sei alles in allem« (Vers 28). Es dürfte sehr schwer fallen, diese Perikope im Rahmen eines eschatologischen Dualismus letztlich verständlich zu machen (vielfach zitiert man auch den Abschnitt Kolosser 1,19—20, sowie Epheser 1,10).
Unter den johanneischen Stellen sei nur 1. Johannes 2,2 erwähnt, wo wir lesen: »Jesus Christus ist das Sühnopfer für unsere Sünden, nicht für unsere Sünden allein, sondern auch für die der ganzen Welt.« Auch hier wird die Faktizität der Versöhnung in ihrer universalen Ausdehnung deutlich betont.

b) Gegner der »Ewigen Höllenstrafen«

Dogmatische Engstirnigkeit und kirchlicher Zwang haben es jahrhundertelang verhindert, daß man sich exegetisch und kirchengeschichtlich der Frage nach der endlichen Allversöhnung zuwandte. Die landläufige theologische Meinung, es habe im Verlaufe der Kirchengeschichte nur sehr wenige und dazu in jedem Falle exzentrische und ketzerische Vertreter der Allversöhnungslehre gegeben, hält einer wissenschaftlichen Überprüfung keineswegs stand.
Der älteste christliche Allversöhnungslehrer war mit großer Sicherheit der ausgezeichnete Bibelkenner und mit vielen Religionen und ihren Dogmen vertraute Alexandriner Origenes[13] (geb. um 185 n. Chr.). Bei ihm lassen sich etwa sechs verschiedene Begründungen der Allversöhnungslehre nachweisen, die später in dieser oder jener Gestalt immer wieder auftauchen:
(1) Die monistisch-spekulative: es gibt in der Welt nur ein Prinzip, eine Macht, und das ist Gott. Ein ewiger Dualismus läßt sich nicht denken.
(2) Die gnostisch-ontologische: alle Weltsubstanz trägt den Stempel seinshafter Göttlichkeit. Die von Gott abgefallenen Menschen und

[13] Siehe dazu unsere Abhandlung: Origenes und die Apokatastasis (Basler Theologische Zeitschrift 14, 1958, S. 174 ff.)

bösen Engel (einschließlich des Teufels) werden aus diesem Grunde eines Tages naturnotwendig in die Alleinheit des göttlichen Wesens zurückkehren.

(3) Die platonisch-pädagogische: die von Gott über die Gefallenen verhängten Strafen dienen ausschließlich der Läuterung und Erziehung und können deswegen nicht endlos sein.

(4) die psychologisch-antiindividualistische: Origenes behauptet an einer Stelle, Christus werde darum alle Menschen aus der Hölle befreien, weil er nicht zufrieden und selig sein könne, solange auch nur ein geschaffenes Wesen unter schweren Strafen leide.

(5) Die biblisch-exegetische: hier stützt sich Origenes neben den obengenannten Stellen vor allem auch noch auf Philipper 2,11 (»... und alle Zungen bekennen sollen, daß Jesus Christus der Herr sei, zur Ehre Gottes des Vaters«) und Offenbarung 21,5 (»Siehe, ich mache alles neu«).

(6) Die — in der vorhandenen Origenes-Literatur nirgends erwähnte — christozentrische: ausgehend von der Feststellung, die Auferweckung Jesu Christi sei ein viel größeres Werk Gottes als die Erschaffung von Himmel, Erde und allen Kreaturen, zieht Origenes den Schluß, daß die neue Schöpfung eine in jeder Hinsicht vollendete sein werde, weil durch den Tod und die Auferstehung Jesu Christi alle Wesen auf ewig mit Gott versöhnt seien.

Während im 3., 4. und 5. Jahrhundert in Syrien und Kleinasien viele — und zum Teil sogar sehr namhafte Theologen, wie zum Beispiel Gregor von Nyssa und Gregor von Nazianz — sich heimlich oder in aller Offenheit zur Allversöhnungslehre bekannten, geriet in der lateinischen Kirche des Westens die biblische Botschaft unter die einseitige Herrschaft juristischer Begriffe und verlor dadurch jedes Interesse an einem allumfassenden Heilsaspekt.

Die Synthese von sichtbarer Heilsanstalt und juristischem Mißverständnis des Evangeliums in der mittelalterlichen Kirche hat begreiflicherweise der Idee der Allversöhnung keinen Raum gelassen. Dagegen malte man sich in einem sadistisch-frommen Wahn die Freude der Seligen aus, die beim Anblick der zu ewigen Qualen verdammten Gottlosen in himmlischen Jubel ausbrechen würden.

Im germanischen Bereich setzt der westfränkische Hoftheologe Scotus Erigena in der Karolingerzeit die Reihe der frühchristlichen Allversöhnungslehrer fort, indem er als Pantheist und Monist erklärt, das Böse habe keine Substanz aus sich selbst, könne also mit allen seinen Folgen nicht ewig bestehen, so daß die Allversöhnung sich eines Tages gleichsam von selbst einstellen werde.

Zu einem Neuaufbruch der Allversöhnungslehre kommt es dann in der Reformationszeit unter den sogenannten »Schwärmern«, die das offizielle Höllendogma zum Teil mit sehr scharfsinnig vorgetragenen exegetischen Gründen bekämpften, vor allem Hans Denck in seiner 1527 erschienenen Schrift »Ordnung Gottes und der Kreatur«. Die Augsburgische Konfession von 1530 verwirft in ihrem 17. Artikel »die Wiedertaufer, so lehren, daß die Teufel und verdammte Menschen nicht ewig Pein und Qual haben werden«.

Die mit Polizeigewalt durchgesetzte Lehrzucht in den evangelischen Landeskirchen des 16. und 17. Jahrhunderts erstickte schon den Versuch einer Propagierung der Allversöhnungslehre in seinen ersten Anfängen, bis unter dem Einfluß der Engländerin Jane Lead im Jahre 1699 ein pseudonymes Buch mit dem Titel »Das ewige Evangelium von der allgemeinen Wiederbringung aller Kreaturen ...« herauskam, das den über der Frage lastenden Bann brach und eine selten heftige theologische und kirchliche Diskussion auslöste, in deren Verlauf im Zeitraum von etwa 50 Jahren ungefähr 300 Pro- und Contra-Publikationen erschienen, unter denen das zwischen 1701 und 1709 in 3 Bänden veröffentliche Werk »Mysterion apokatastaseos ...« des Lüneburger lutherischen Superintendenten J. W. Petersen die größte Bedeutung erlangte.

Der klassische Pietismus des späten 17. und frühesten 18. Jahrhunderts zeigte sich dem Gedanken einer endlichen Allversöhnung gegenüber im allgemeinen recht skeptisch, galt ihm doch die Bekehrung als das A und O alles christlichen Lebens und Denkens, wobei ihm die Frage nach dem ewigen Schicksal der gefallenen Menschheit als ganzer gar nicht ins Blickfeld treten konnte.

Graf Zinzendorf neigte in jüngeren Jahren stark zur Allversöhnungslehre, wandte sich aber später wieder von ihr ab, wahrscheinlich nachdem er einige ihrer Vertreter kennengelernt hatte, die sie als religiöses Ruhekissen mißbrauchten. Mit dem Beginn der rationalistischen Epoche gerät neben vielen anderen christlichen Lehrsätzen auch das Dogma von den ewigen Höllenstrafen ins Wanken. Die Aufklärung nahm vor allem wieder jenen alten alexandrinischen Gedanken auf, nach welchem die den Gottlosen angedrohten Strafen nicht sinnlos seien, sondern ausschließlich der Besserung der Verdammten dienen. Einen weiteren Grund gegen die Ewigkeit der Höllenstrafen konstruierte man in Form der Behauptung, es sei (vom Standpunkt der göttlichen Gerechtigkeit aus gesehen) unmöglich, einen endlichen Menschen um zeitlicher Verfehlungen willen ewig zu strafen. Es dürfte kaum allgemein bekannt sein, daß auch Goethe in einer Jugendschrift

»Brief des Pastors zu ... an den neuen Pastor zu[14]«, die er einen alten, amtserfahrenen Pfarrer an einen im Nachbardorf einziehenden, noch wenig mit der kirchlichen Praxis vertrauten Kollegen richten läßt, sich offen als Anhänger der Allversöhnungslehre ausspricht.

Etwa zur gleichen Zeit erlebte die Allversöhnungslehre in Schwaben einen neuen Frühling. Joh. A. Bengel, der unscheinbare Denkendorfer Klosterpräzeptor, Textforscher und Bibelausleger, schloß sich ihr mit aller Entschiedenheit an, aber nicht ohne ebenso entschieden vor ihrer öffentlichen Verkündigung zu warnen. Friedrich Christoph Oetinger, der Murrhardter Prälat und Magnus des Südens, hielt sie für eine biblische Zentralwahrheit und zog neben manchen anderen auch Pfarrer Oberlin im Steintal (Elsaß) in ihren Bann. Michael Hahn, der geniale Bauern-Theosoph und eifrige Schüler von Jakob Böhme, schuf ein gewaltiges theologisches System, an dessen Ende alle Dinge zu ihrem Ursprung in Christus zurückkehren, weil Er als der Sohn Gottes »der Erbherr des ganzen Schöpfungsalls« ist.

Innerhalb der modernen wissenschaftlichen Theologie kam die Allversöhnungslehre vor allem durch Friedrich Schleiermacher (1768 — 1834) zur Geltung. Der Berliner Theologe orientierte sich philosophisch unter anderem an Spinoza und verwob dessen erkenntnistheoretischen Monismus in sein geschichtsphilosophisches System, an dessen Ende die Allversöhnung steht. Schon in sehr jungen Jahren dachte er über die großen Fragen der Theologie nach und kam dabei zu manchen Resultaten, die in keiner Weise mit der offiziellen Lehre der Kirche in Übereinstimmung zu bringen waren. Unter seinen autobiographischen Aufzeichnungen finden wir eine gewöhnlich nicht beachtete Notiz, die sein Verhältnis als Kind zu einigen Hauptlehren des Christentums beleuchtet: »Ich hatte schon mancherlei religiöse Kämpfe bestanden. Die Lehre von den unendlichen Strafen und Belohnungen hatte schon meine kindliche Phantasie auf eine äußerst beängstigende Art beschäftigt, und in meinem elften Jahre kostete es mich mehrere schlaflose Nächte, daß ich bei der Berechnung der Verhältnisse zwischen den Leiden Christi und der Strafe, deren Stellen dieselben vertreten sollen, kein beruhigendes Facit bekommen konnte«[15].

Einige Jahre nach dem hier beschriebenen Ereignis heißt es in einem Brief des 18jährigen an seinen Vater (vom 20. 1. 1787): »Ich kann nicht glauben, daß der ewiger wahrer Gott war, der sich selbst nur den Menschensohn nannte; ich kann nicht glauben, daß sein Tod eine

[14] Jetzt (auch) in: dtv-Gesamtausgabe, Band 13, München 1962, S. 12 ff.
[15] Aus Schleiermachers Leben. In Briefen. Erster Band. Berlin 1858, S. 77

stellvertretende Versöhnung war, weil er es nie selbst ausdrücklich gesagt hat, und weil ich nicht glauben kann, daß sie nöthig gewesen; denn Gott könne die Menschen, die Er offenbar nicht zur Vollkommenheit, sondern nur zum Streben nach derselben geschaffen hat, unmöglich darum ewig bestrafen wollen, weil sie nicht vollkommen geworden sind«[16].

Als Schleiermacher schon viele Jahre Theologie-Professor war, äußerte er sich in einer theologischen Zeitschrift folgendermaßen über den Lehrpunkt »Ewige Höllenstrafen«: »... so dünkt mich kann nur noch Ein Stachel zurückbleiben, eben jenes horribile des kalvinischen Dekrets, daß die Übersehenen oder Verworfenen dann auf ewig verdammt sind und aller Seligkeit beraubt. ... Und dieses eben ist es, was sich mit der ewigen Vaterliebe Gottes nicht reimen will«[17].

Nach einer ausführlichen Diskussion des Problems in seiner »Glaubenslehre« kommt Schleiermacher zu dem abschließenden Ergebnis: »Wie könnte aber wohl die Seligkeit der Frommen den Verdammten beneidenswerth sein, als nur zuerst sofern sie die Fähigkeit hätten daran theilzunehmen, und dann wären sie auch besser geworden; und dann hätten sie auch schon von dieser Nachbildung einen die Unseligkeit mildernden Genuß. Vermöchten wir aber auch die Vorstellung zu vollziehen, so müßten die Zeugnisse dafür ganz schlagend sein, um dieses Element in unsere Vorstellung von Gott so bleibend einzupflanzen, daß es in derselben gediehe ... Da nun solche Zeugnisse nicht vorhanden sind, so müssen wir wenigstens gleiches Recht mit dieser herrschenden Vorstellung jener milderen Ansicht, die sich auch einer Haltung in der Schrift erfreut (1. Kor. 15, 26.55), einräumen, derjenigen nämlich, welche durch die Kraft der Erlösung eine dereinstige Wiederherstellung aller menschlichen Seelen ahndet«[18].

Einer der bekanntesten Schüler Schleiermachers war der Zürcher Systematiker Alexander Schweizer, den man gewöhnlich zu den Vorläufern der sogenannten »liberalen« Theologie in Europa rechnet. Schweizer hat sich in der 2. Auflage seiner »Christlichen Glaubenslehre nach protestantischen Grundsätzen dargestellt« (1877) folgendermaßen über die Frage der Allversöhnung geäußert: »Da nun dieses (sc. das Gericht) immer nur die erste Gestaltung des religiösen Bezogenseins auf Gott ist, nur Durchgangszustand, der über sich selbst hinausweist, Gottes

[16] Hans Meisner, Schleiermacher als Mensch. Sein Werden. Familien- und Freundesbriefe 1783—1804. Gotha 1922, S. 28. Vgl. auch: W. Dilthey, Leben Schleiermachers, 1. Band. Berlin 1870, S. 24

[17] Theologische Zeitschrift, Erstes Heft (Berlin 1819), S. 109

[18] § 179 (1. Auflage) und § 163, Anhang (2.—7. Auflage)

Gnade aber Alle zur Kindschaft bestimmt hat und immer darauf gerichtet bleibt, jeden aus dem sich in Elend auswirkenden Gesetzesdienst zu erlösen und durch Christus zur Kindschaft zu leiten: so muß am Ende das endliche Geschöpf sich von der unendlichen Gnade gewinnen lassen, und ein Mensch, der noch in Gesetzesreligion gerichtet dasteht, wäre ein noch nicht zu seiner Bestimmung gelangter. Wenn allen ein Fortexistieren nach dem Tode angewiesen ist, so muß das Schlußergebnis das Erlöstsein aller werden« (S. 409).

In Dänemark hat sich Sören Kierkegaard in der ersten Hälfte des 19. Jahrhunderts an mehreren Stellen seiner Schriften sehr deutlich zum Problem der Apokatastasis geäußert. 1849 bekannte er von sich: »Ich bin in meinem Leben nie so weit gewesen und komme wohl nie weiter als bis zu dem »Furcht und Zittern«-Punkt, daß es buchstäblich mir ganz gewiß ist, daß jeder andere mit Leichtigkeit selig wird — bloß ich nicht«[19]. Trotz seiner beißenden Kritik an einem zur Staatsreligion entleerten Christentum, in dem nach seiner Auffassung nichts schwerer war, als Christ im Sinne des Neuen Testaments zu sein, hat sich Kierkegaard bezeichnenderweise nie in pharisäischer Haltung über seine Zeitgenossen erhoben, sondern dem »existentiellen« Charakter seines Glaubens beredten Ausdruck zu geben gewußt: »Denn anderen zu sagen: ... ihr seid ewig verloren — das vermag ich nicht. Für mich bleibt die Sache beständig die: die andern alle, die werden schon selig, das ist sicher genug — nur mit mir mag es seine Mißlichkeit haben«[20]. Sein vom Vater ererbtes melancholisch-pedantisches Grübeln um die Sünde und das Verderben der Menschen und der Kirche nahm ihm nie den Glauben an die einstige Erlösung aller: »Beständig stellt es sich doch so für mich dar, daß trotz der Tiefe des Nonsens, in dem wir alle stecken, wir doch gleichwohl alle selig werden«[21]. Als man ihn gegen Ende seines Lebens halb zweifelnd, halb vorwurfsvoll fragte, ob denn auf seine entchristlichten Mitmenschen nicht doch die Hölle warte, erklärte er kategorisch: »Ich mache mich nicht besser als die andern. Und es ist deshalb nicht wahr, was der alte Bischof einmal zu mir sagte, ich spräche, als ob die andern in die Hölle führen, nein, wenn man anders sagen kann, daß ich von In-die-Hölle-Fahren rede, so spreche ich: fahren die andern in die Hölle, so fahr' ich mit. Aber das glaube ich nicht, ich glaube im Gegenteil, daß alle selig werden, ich mit, etwas, was meine tiefste Verwun-

[19] Zitiert nach E. Geismar, Das ethische Stadium bei Sören Kierkegaard (Zeitschrift für systematische Theologie I, 1923, S. 260, Anm. 2)

[20] a.a.O.

[21] a.a.O.

derung erweckt«[22]. Neben Kierkegaard wären für das späte 19. und frühe 20. Jahrhundert hier noch die beiden württembergischen Theologen Blumhardt Vater und Sohn zu nennen, die mit ihrem biblischen »Realismus« sehr stark auf die sogenannte »dialektische Theologie« Karl Barths eingewirkt haben.

Aus dem Boden eines durch den Bengelschen Reichsgottesgedanken gereinigten schwäbischen Pietismus stammend, hatten sie keine andere Botschaft zu verkündigen als die von »Jesus dem Sieger«. Wir besitzen hinreichende literarische Zeugnisse darüber, daß Blumhardt Vater viele Jahre hindurch den Gedanken einer endlichen Allversöhnung auf das entschiedenste von sich wies. Noch in einer 1864 veröffentlichten Predigt über Matth. 25,31—46 sagt er: »Wenn wir's nun, Geliebte, genau besehen, so ist eine Aussichtslosigkeit für die Verdammten nach der Schrift unumstößlich gewiß, wie schon der ruhige, gemessene Schluß unsres Evangeliums zu erkennen giebt« (Adventpredigten, S. 115). Dagegen heißt es in dem 1880 erschienenen 2. Band der »Predigtblätter« in einer Betrachtung über Luk. 15,11—32: »Unser lieber Bruder, der alle unsere Sachen in die Hand nimmt, Jesus Christus, ruht nicht, bis er sie alle hat nach Seiner Liebe und Gnade.« Beim alten Blumhardt haben wir die sichere Gewähr dafür, daß sein Allversöhnungsglaube nicht aus philosophischen, theosophischen oder mystischen Quellen gespeist wurde. Vielmehr war er eine Folge der realen Begegnung mit der Wirklichkeit Jesus des Siegers, die ihm das Vertrauen darauf schenkte, daß, — wie er zu sagen pflegte, — »Christus nicht gekommen sei, um die Welt hinzurichten, sondern um sie herzurichten«.

Zu den großen Gestalten innerhalb der systematischen Theologie am Anfang unseres Jahrhunderts gehört der Theologe, Philosoph und Soziologe Ernst Troeltsch (1865—1923). Nach seinem Tode gab die Schriftstellerin Gertrud von Le Fort seine »Glaubenslehre« heraus. Unter Troeltschs hinterlassenen Manuskripten fand sie zum Kapitel »Eschatologie« nur ein relativ frühes Elaborat, aus dem folgender Text in die »Glaubenslehre« einging: »So ist die Erlösung nur einer der Endzwecke Gottes, der uns bekannt ist, neben dem es andere unerkennbare gibt. Was mit denjenigen geschieht, die dieses Ziel nicht erringen sollen oder nicht erringen wollen, ist nicht zu sagen. Es ist nur zu sagen, daß, was uns erkennbar ist vom Weltzweck Gottes, die Erziehung zur gotterfüllten Persönlichkeit ist, und daß jeder, der das erkennt, sein Leben unter dieses Ziel zu stellen hat[23].«

[22] a.a.O.

[23] Vorlesungen über Glaubenslehre. München und Leipzig 1925, S. 384

Gertrud von Le Fort teilte mir vor einigen Jahren brieflich mit, daß ihr Lehrer Troeltsch gegen Ende seines Lebens diese offene Position verlassen und sich eindeutig auf die Seite der Allversöhnung gestellt habe, aber nie Gelegenheit fand, diesen Wechsel auch literarisch niederzulegen.

Im selben Jahr, in dem Troeltschs »Glaubenslehre« erschien, gab Reinhold Seeberg den zweiten Band seiner Dogmatik heraus. Er wendet sich darin gegen ewige Höllenstrafen, und zwar mit einer Argumentation, die durchaus an Luthers Unterscheidung zwischen dem göttlichen opus alienum und opus proprium erinnert: »Da ist nun zuerst darauf zu verweisen, daß die ewige Verdammnis sich als ein durchaus zweckloser Gedanke darstellt. ... Die ewige Strafe fördert also nichts und niemand. Sie legt Gott eine Art des Wirkens bei, die ihm sonst völlig fremd ist, nämlich so an geistigen Wesen wirksam zu sein, daß dies Wirken den Geist zwecklos bewegt[24].«

Eine völlig neue Perspektive in der Geschichte der Apokatastasis-Idee ergibt sich in der Theologie Karl Barths. Hieß es in der Schrift »Credo« (1935) noch klipp und klar: »... die Leugnung dieser anderen Möglichkeit (sc. des ewigen Verlorengehens) und also die positive Lehre von der Apokatastasis als der endlichen Erlösung aller Menschen kann sie (sc. die christliche Dogmatik) darum nicht unter ihre Sätze aufnehmen[25]«, so klangen bereits in dem 1942 erschienenen Band II, 2 der »Kirchlichen Dogmatik« unüberhörbar andere Töne an: »... daß auf Grund dieses seines Ratschlusses der einzige wirklich verworfene Mensch sein eigener Sohn ist[26]«.

In der Verwerfung Jesu Christi hat sich nach Barth die ewige Verdammnis aller Menschen schon real ereignet und kann daher nicht mehr das Schicksal der Ungläubigen sein: »Eben dieses Ende der Gottlosen ist ihnen darum unerreichbar, weil es in der von Ewigkeit beschlossenen Dahingabe des Sohnes Gottes zum Leiden an der Stelle des Gottlosen vorweggenommen ist, so daß es ihr Ende nicht mehr sein kann[27].«

Kein Wunder, daß Emil Brunner schon 1946 im ersten Band seiner

[24] S. 624

[25] S. 147 f.

[26] Dritte Aufl. Zürich 1948, S.350

[27] a.a.O., S. 251. Zur Kritik an Barths wachsender Sympathie für die Apokatastasis cf. vor allem: Weber-Kreck-Wolf, Die Predigt von der Gnadenwahl (in: Theologische Existenz heute, N. F. 28), München 1951, S. 35 f., 46 f. und bes. 49 ff. Ferner: G. C. Berkouwer, Der Triumph der Gnade in der Theologie Karl Barths. Neukirchen 1957 (passim).

Dogmatik mit Barth ins Gericht ging: »Was aber bedeutet dieser Satz, Jesus sei der einzig wirklich verworfene Mensch für die Situation des Menschen? ... Man hat Karl Barth nachgeredet, er lehre die Apokatastasis, die Allbeseligung. Er hat nicht ganz unrecht, wenn er das verneint. Er weiß zuviel von der wirklich nicht gerade illustren[28] Ahnenreihe der Apokatastasislehrer der christlichen Geschichte, um sich willig in diese einreihen zu lassen. ›Die Kirche soll keine Apokatastasis predigen‹ (S. 529, sc. KD II, 2). Was Barth lehrt, ist auch nicht das, was Origenes und seine Nachfolger lehrten. Vielmehr geht Barth viel weiter als sie alle[29].«
Es ist bemerkenswert, daß sich in neuerer Zeit auch ein ausgesprochen lutherischer Dogmatiker offen auf die Seite der Apokatastasis gestellt hat. Der Erlanger Theologe Walter Künneth erklärt in seinem Werk »Theologie der Auferstehung« ohne längere Diskussion: »Das Geheimnis der oikonomia Gottes enthält die Aussage über die Apokatastasis ... Die Allmacht der Liebe und der Gnade Gottes kommt nicht zur Ruhe, bis ihr letztes Ziel erreicht ist. Das Blut des Weltheilandes und sein Auferstehungssieg haben Gültigkeit auch für die Gottlosen, für den Kosmos, für ta panta[30].«
Schließlich wäre hier auch Dietrich Bonhoeffer zu erwähnen, der im Zusammenhang mit der Verschwörung gegen Hitler noch im April 1945 hingerichtet wurde. Bonhoeffer hat bereits 1930 in seiner Doktorarbeit »Sanctorum Communio« das Problem angedeutet und eine in sich klare (wenn auch zurückhaltende) Position bezogen: »Der tiefste Grund für die Annahme der Apokatastasis aber scheint mir zu sein, daß jeder Christ sich bewußt sein muß, die Sünde in die Welt gebracht zu haben, somit der ganzen Menschheit in Schuld verbunden zu sein, die Schuld der Menschheit auf seinem Gewissen zu haben. Es ist keine Rechtfertigung und Heiligung des Menschen denkbar, wenn er nicht gewiß sein darf, daß Gott mit ihm auch die, an deren Schuld er schuld ist, zu sich ziehe. Doch bleibt hier alles Reden Hoffnung, es geht nicht ins System ein[31].«
Im Lichte dieser Äußerung muß eine spätere gesehen werden, die ganz auf der Ebene des 1930 Veröffentlichten zu liegen scheint: »Die

[28] Brunner folgte mit dieser Behauptung einem billigen Schlagwort, dessen Halt-Losigkeit anhand einer eingehenden Geschichte der Apokatastasis-Idee unschwer nachzuweisen wäre.
[29] Zweite Aufl. Zürich 1953, S. 376 (Sperrungen von uns).
[30] Vierte Auflage. München 1951, S. 235 (ta panta = alle Dinge)
[31] Dritte Auflage. München 1960, S. 216

aus Eph. 1,10 stammende Lehre von der Wiederbringung aller Dinge — anakephalaiosis — re-capitulatio (Irenäus) ist ein großartiger und überaus tröstlicher Gedanke. Das ›Gott sucht wieder auf, was vergangen ist‹ bekommt hier seine Erfüllung. Und niemand hat das so einfach und kindlich auszudrücken vermocht wie Paul Gerhardt in dem Wort, das er dem Christuskind in den Mund legt: ›ich bring alles wieder‹[32], [33].«

Im Jahre 1953 wurde die Staatskirche Norwegens von einer ernsthaften inneren Krise bedroht. Professor O. Hallesby, emeritierter Systematiker der Osloer »Gemeinde-Fakultät«, hielt am 25. Januar jenes Jahres eine »erweckliche« Rundfunkansprache und sagte dabei unter anderem: »Du weißt, wenn du tot zu Boden stürztest, würdest du direkt in die Hölle stürzen[34].« Die sofort einsetzende heftige Opposition gegen eine solche Art der »Verkündigung« fand ihren prominentesten Vertreter in Bischof Kristian Schjelderup. Dieser veröffentlichte am 31. Januar 1953 in »Aftenposten« einen scharfen Artikel gegen Professor Hallesby, in dem es unter anderem heißt: »Mit der Hölle zu drohen, um Menschen in das Christentum hereinzuscheuchen, halte ich nicht nur für unrichtig, sondern geradezu für schädlich ... Wenn ich nun gefragt werde, wie ich selbst zu der Lehre von den ewigen Höllenstrafen stehe, muß ich offen gestehen, daß mir diese ganze Lehre äußerst problematisch vorkommt ..., daß die Lehre selbst weder jüdischen noch christlichen Ursprungs ist ... Für mich gehört die

[32] Widerstand und Ergebung. München 1956, S. 125

[33] Unter den katholischen Theologen deutscher Zunge, die sich nicht ablehnend oder gar positiv zur Apokatastasis äußerten sind zu erwähnen: der Freiburger Moraltheologe Johann Baptist Hirscher (1788—1865) (»Die christliche Moral als Lehre von der Verwirklichung des göttlichen Reiches in der Menschheit« [1835], 5. Aufl. 1851); der Würzburger Dogmatiker Hermann Schell (1850—1906), der sich in seinem Werk »Gott und Geist« (1895/96) für die Apokatastasis einsetzte und dessen Hauptschriften 1898 indiziert wurden (cf. dazu: W. Koepgen, Gnosis des Christentums. Salzburg 1939, S. 336 ff.). In unserem Jahrhundert hat sich der Basler Theologe und Schriftsteller Hans Urs von Balthasar in einem Beitrag zur Festschrift zum 70. Geburtstag von Karl Barth »Antwort« (Basel 1956, S. 237 ff.: »Christlicher Universalismus«) offen für den Gedanken eines christlichen Heilsuniversalismus ausgesprochen. Weitere Äußerungen H. U. v. Balthasars zu dieser Frage finden sich in seinen Büchern: Karl Barth, Darstellung und Deutung seiner Theologie. 2. Aufl. Köln 1962, S. 367 ff., und in: Die Gottesfrage des heutigen Menschen. Wien und München 1956, S. 184 ff. und 204

[34] Nach: »Was ist es um die Hölle? Dokumente aus dem norwegischen Kirchenstreit«. Hrsg. von Dr. Friedrich Schauer. Stuttgart 1956, S. 23

Lehre von der ewigen Höllenstrafe nicht in die Religion der Liebe[35].« Im Anschluß an Schjelderups Artikel kam es im ganzen Land zu einer erregten Diskussion, die schließlich dazu führte, daß das Kirchendepartement in Oslo von den einzelnen Bischöfen, der Gemeinde- und der Staats-Fakultät theologische Gutachten über die bekenntnismäßige Vereinbarkeit dessen, was Schjelderup gegen Hallesby eingewandt hatte, mit dem Inhalt des 17. Artikels der Augsburgischen Konfession anforderte. Alf Wiig, Bischof von Nord Haalgoland, schrieb in seiner Stellungnahme: »Man hat Anhaltspunkte für die verschiedensten Anschauungen in der Schrift, von der Lehre der Annihilation an bis zu der Lehre der Apokatastasis[36].« Auch die Staats-Fakultät verwies in ihrem Gutachten darauf, daß vom Neuen Testament her keine eindeutige Beantwortung und Entscheidung der Frage möglich sei: »Bei Paulus finden wir eine Anzahl von Aussagen, die darauf hindeuten — die auch so ausgelegt werden —, daß er neben dem Gedanken an einen ›zwiefachen Ausgang‹, Erlösung oder Verdammnis, auch den Gedanken an eine ›Wiederkehr aller Dinge‹ gekannt hat[37].«
Das von Einar Molland, Sigmund Mowinkel, Nils Alstrup Dahl und anderen unterzeichnete Gutachten der Staats-Fakultät plädierte dafür, daß »Bischof Schjelderup in seinem Amt als Bischof bleiben kann und muß[38].« Die von den theologischen Gegnern Schjelderups erstrebte Entlassung des Bischofs wegen »Untreue gegen das Augsburgische Bekenntnis« und gegen seine Ordinationsverpflichtung kam nicht zustande.

c) Kritische Neubesinnung im Lichte des biblischen Gottesgedankens

Der kurze Überblick über die Geschichte des christlichen Denkens hat uns gezeigt, daß die Lehre von der Allversöhnung zu allen Zeiten ihre Befürworter fand, und zwar nicht nur im Kreise der Ketzer und Wunderlinge, sondern auch in den Reihen derer, die wir um ihrer Person und ihres Glaubens willen durchaus ernst nehmen müssen. Damit ist allerdings noch keine Entscheidung gegen oder zugunsten der umstrittenen Frage gefallen. Eine solche Entscheidung kann letzten Endes nur das Ergebnis einer sorgfältig abwägenden systematisch-theologischen Überlegung sein, der wir uns hiermit zuwenden wollen.

[35] a.a.O., S. 24 f.
[36] a.a.O., S. 98
[37] a.a.O., S. 98
[38] a.a.O., S. 107

a) Die Lehre von den ewigen Höllenstrafen im Sinne einer unendlichen Peinigung und Verdammung der Gottlosen unterliegt von den verschiedensten Seiten her einer theologisch notwendigen Kritik. Sie ist nämlich entstanden aus dem mindestens seit Augustinus verbreiteten Mißverständnis der sogenannten doppelten Prädestination, das heißt der Auffassung, das Evangelium enthalte eine doppelspitzige Botschaft, die den einen Menschen ewiges Heil, den anderen aber — entweder völlig unabhängig von ihrem Verhalten oder aufgrund desselben — ewiges Verlorengehen verkündige. Dieses Mißverständnis wiederum beruht seinerseits auf der falschen Auslegung gewisser biblischer Texte (vor allem von Römer 9), die in ihrem Kontext lediglich bezeugen, daß Gott im Verlaufe der Heilsgeschichte die einen Menschen aus uneinsichtigem Erbarmen erwähle, die anderen dagegen — rein menschlich betrachtet — ebenso uneinsichtig verwerfe. Dabei wird das, was innerhalb der betreffenden Perikopen als einzelne göttliche Aktion erscheint, gleichsam hypostasiert und zu einem allgemeingültigen Prinzip erhoben. Daß Gott zum Beispiel den Jakob erwählt und den Esau verwirft, darf nur ganz streng im Zusammenhang der alttestamentlichen Vätergeschichten verstanden und ausgelegt werden. Damit ist in keinem Falle gesagt, daß Gott grundsätzlich und endgültig gewisse Menschen verwerfe, ohne sie jemals wieder anzunehmen.
Die Lehre von den ewigen Höllenstrafen verstößt weiterhin diametral gegen die biblisch-reformatorische Polarität von Gesetz und Evangelium in ihrem eigentlichsten Gehalt. Sie beseitigt die in dieser Polarität liegende Spannung zugunsten eines logischen Postulats. Wer die Lehre von den ewigen Höllenstrafen zu einem Bestandteil des biblischen Evangeliums erhebt, bekundet damit, daß er den Umkreis der Botschaft von Gesetz und Evangelium bereits verlassen und an die Stelle der unaufhebbaren Polarität eine einsichtige Lehre gesetzt hat.
Die Behauptung nämlich, es werde einmal einen Punkt in oder außer der Zeit geben, von dem an Gott bestimmten Menschen gegenüber nur noch das Gesetz und die damit verbundene Strafe walten lasse, sprengt das biblische Gottesbild, dessen Einheit nur dann gewahrt bleibt, wenn wir ihn immer zugleich als den heilig-richtenden und barmherzig-liebenden Gott begreifen. Die Lehre von den ewigen Höllenstrafen kann nur bestehen, wenn man eine Seite dieses Gottesbildes abspaltet und die andere zum Ganzen macht. Psychologisch betrachtet, liegt hier eine Übertragung menschlicher Reaktionen auf Gott vor. Man konstatiert damit indirekt, daß es auch für Gott ein »Aus« und »Vorbei« gäbe, von dem ab seine Geduld und Liebe ein für allemal erschöpft seien und Er Seinen Widersachern nicht mehr in Gericht

und Gnade, sondern nur noch mit Strafen begegnen werde. Man braucht nicht besonders zu unterstreichen, daß die gesamte Botschaft des Alten und Neuen Testamentes uns zu dieser Schlußfolgerung keinerlei Anlaß bietet, ebensowenig wie sie die fundamentale Wahrheit, daß Gott über dem Leben eines Menschen sein »zu spät« sprechen kann, auf Gott überträgt, als sei auch Er an ein solches »zu spät« gebunden.

Das heißt aber unterdessen keineswegs, daß damit Gottes heiligstrafende Gerechtigkeit etwa verkürzt, abgeschwächt oder in ihrer majestätischen Wirklichkeit auch nur im geringsten verletzt wäre! Daß Gott die Ungläubigen strafen und verdammen wird, ist das unausweichliche Zeugnis beider Testamente. Wir haben aber als Menschen kein Recht, dieses Zeugnis zu einer abschließenden Lehre auszudehnen, die für sich beansprucht, nicht nur elementar Entscheidendes und höchst Wichtiges, sondern ewig Unveränderliches auszusagen, an das Gott selbst unter allen Umständen gebunden sei. Aus der Heiligen Schrift wissen wir nur, daß Gott den Sünder verwirft, und daß niemand ohne den Glauben an Jesus Christus in das ewige Leben eingehen wird. Aufgrund dieser biblischen Aussagen aber die Behauptung wagen zu wollen, Gott werde demnach eine Gruppe von Menschen ewig in der Hölle sinn- und ziellos plagen, beinhaltet nicht weniger, als Ihm vorzuschreiben, was Er in und jenseits aller Gerichte mit den Verdammten zu tun habe. Hier muß mit aller möglichen Deutlichkeit festgestellt werden, daß es uns nicht zusteht, Gott Anweisungen darüber zu erteilen, wie Er mit den Unseligen verfahren solle. Das wäre ein frivoler Eingriff in Seine Majestätsrechte, die Er an keinen Menschen abtritt.

Die mit der Lehre von unendlichen Höllenstrafen verbundene Aufhebung der Polarität von Gesetz und Evangelium beseitigt auch zugleich die reformatorische Dialektik von opus Dei alienum und opus Dei proprium, das heißt den vornehmlich von Martin Luther auf den Leuchter gehobenen biblischen Gedanken, nach welchem alles Tun Gottes in Strafe und Gericht letztlich immer auf ein gnädiges und heilendes Handeln hin geschieht. Luther ging es dabei nicht darum, Gottes Verdammen und Richten in ein rational durchschaubares System zu bringen, etwa im Sinne der Qualifizierung aller Strafen als pädagogischer Maßnahmen. Sein theologisches Interesse an dieser Frage war vielmehr darauf gerichtet, Gottes Tun letzten Endes ganz vom Evangelium und nicht vom Gesetz her zu deuten und zu verstehen.

Wir können uns deswegen, je mehr wir uns der biblischen Gesamtbotschaft verpflichtet fühlen, unter keiner Bedingung dazu hergeben, Gott ein Handeln zuzuschreiben, das ausschließlich vom Gesetz bestimmt wäre, ohne mit dem Evangelium verbunden zu sein. Eine solche Lehre von der definitiv-unwandelbaren Alleinwirksamkeit des Gesetzes und der mit ihm einhergehenden Verdammnis ließe sich nur unter Absehung vom Evangelium, das heißt aber von der göttlichen Offenbarung in Jesus Christus aufrechterhalten.

b) Mit dieser von der biblischen Botschaft selbst geforderten Ablehnung der apodiktischen Behauptung ewig-endloser Höllenstrafen ist noch keinerlei verbindliche Entscheidung hinsichtlich der Lehre von der endlichen Versöhnung aller Menschen gefallen. Wenden wir uns der Frage zu, was aus dem Gesamtzusammenhang der alt- und neutestamentlichen Verkündigung zu dieser Sache zu sagen ist, so ergeben sich folgende Gesichtspunkte:

aa) In keinem Falle und unter keinen Umständen liefert uns die Bibel so etwas wie eine auch nur angedeutete Lehre von der endlichen Allversöhnung. Vielmehr muß man in theologisch-exegetischer Verantwortung alle jene Versuche unterdrücken, die aus einer bereits gefallenen Vorentscheidung heraus die Allversöhnungslehre in die Heilige Schrift hineinlesen möchten. Von den im Eingang erwähnten sechs Grundtypen der Allversöhnungslehre haben — bis auf eine, die christologische — alle philosophisch-spekulative Voraussetzungen und Prämissen, die sich bei näherer Untersuchung als unsachgemäß erweisen. Wir müssen auch angesichts der begreiflichen Frage nach dem endgültigen Schicksal der Verdammten das Gesamtzeugnis der Heiligen Schrift zur Sprache bringen und uns davor hüten, einzelne Bibelstellen aus ihrer Umgebung zu isolieren und für eine uns genehme Lösung zu beanspruchen.

Eine mehr oder minder fest behauptete Allversöhnung sprengt das biblische Gottesbild nicht weniger als ihr Gegenteil. Denn sie beruht auf der impliziten Voraussetzung, unser menschlicher Verstand oder Glaube besäßen die Möglichkeit, sich auf ein Denkfundament zu stellen, auf dem die Polarität von Gesetz und Evangelium überwunden oder gar nicht vorhanden sei. Diesen Standpunkt kann aber kein Mensch beziehen, solange er im Glauben und nicht im Schauen lebt.

Vielmehr muß echter Glaube sich damit bescheiden, daß er selbst ständig auf dem Weg vom Gesetz zum Evangelium ist und seine Existenz darin hat, daß Gott ihn zugleich verwirft und annimmt. Das Neue Testament kennt keinen anderen Glauben!

Aus diesem Grunde bleibt uns auch für die Eschatologie keine andere Möglichkeit als die, den Endzustand der Menschheitsgeschichte unter der Spannung von Gesetz und Evangelium zu sehen und uns mit dieser unabgeschlossenen Schau zu bescheiden. Dies um so mehr, als das Evangelium uns kein allumfassendes Bild von Welt und Geschichte bietet, sondern als Ruf zur Glaubensentscheidung an uns ergeht, die unsere persönliche Hinwendung zu dem in Jesus Christus für alle Menschen vollzogenen göttlichen Heilswerk fordert.

bb) Daß die Frage nach der endlichen Allversöhnung — trotz aller gegenteiligen Feststellungen und Einsichten — dennoch immer neu in der Kirche aufbricht, darf man nicht in jedem Falle als ein Negativum betrachten. Sie hat zum mindesten einen Aspekt, der dem Wesen des Evangeliums unabdingbar inhäriert: sie bringt mit unüberhörbarer Deutlichkeit das biblische Anliegen zum Ausdruck, daß Gottes eigentlichster Wille und Plan auf die Rettung aller Menschen abzielt und sich nicht mit einem Teilerfolg zufriedengibt.

Hier liegt der Ansatzpunkt zu einer christozentrischen Beurteilung der Allversöhnungslehre, wie wir sie etwa beim alten Blumhardt in der Aussage fanden, Christus sei nicht gekommen, um die Welt hinzurichten, sondern um sie herzurichten. In Christus allein ist die Dialektik von Gesetz und Evangelium, opus Dei alienum und opus Dei proprium aufgehoben, weil sie erfüllt ist. Nirgends anders erfahren wir auf legitime Weise, was Gott mit allen Menschen vorhat. Am Kreuz allein wird offenbar, daß Gott — und diesen Barthschen Gedanken halte ich für unaufgebbar! — sich nun einmal dazu entschieden hat, für Seinen Sohn den Tod zu wählen, um uns verdammungswürdigen Menschen das Leben schenken zu können.

Am Kreuz ereignete sich in der restlosen Erfüllung des Gesetzes dessen Überwindung, indem das Evangelium dadurch triumphierte, daß Gott in und mit der Hingabe Seines eingeborenen Sohnes allen Forderungen Seiner Gerechtigkeit Genüge leistete.

cc) Streng theologisch gefaßt, bedeutet diese Botschaft, daß durch den Kreuzestod und die Auferweckung Jesu Christi bereits allen Menschen versöhnt sind. Niemand hat dieses Faktum mehr betont und deutlicher unterstrichen als Karl Barth. Und wir werden ihm darin nicht unrecht geben dürfen. Kein Wunder, daß man Barth des öfteren den bitteren Vorwurf machte, er trete damit die Nachfolge früherer Allversöhnungslehrer an! Dieser Vorwurf war sachlich solange unzutreffend und unberechtigt, als Barth aus seiner Prädestinations- und Versöhnungslehre keine logischen Schlüsse zog. Das hat er meines Wissens auch nirgends in abschließender Form getan. Er hat aber auf der anderen Seite unablässig darauf hingewiesen, daß es uns angesichts der Tatsache, daß Gott Seinen Sohn dem Tode preisgab, um uns vom

Fluch der ewigen Verdammnis zu befreien, verwehrt, ja geradezu verboten sei, in Lehre und Verkündigung dem Glauben an eine endliche Allversöhnung so zu widersprechen, als resultiere dieser Widerspruch zwingend aus der biblischen Botschaft. Wir müssen vielmehr, und zwar um so mehr, je ernster wir uns durch letztere binden und leiten lassen, von Christus aus einen Raum offenhalten, in dem sich eine endliche Versöhnung aller Menschen ereignen könnte, wenn und falls Gott sich dafür entschieden hätte, aufgrund des Todes Seines Sohnes alle Menschen vor dem ewigen Verderben zu bewahren und ihnen das ewige Leben zu gewähren.

Niemand hat aufgrund seiner menschlich verständlichen Hoffnungen und Wünsche oder auch aufgrund des biblisch-exegetischen Sachverhaltes so etwas wie einen auch nur von ferne »fundierten« Anspruch darauf, daß Gott einmal alle Menschen aus dem Gericht nehmen und ihnen unter Zurechnung des alleingültigen und allumfassenden Verdienstes Jesu Christi das ewige Leben bei Sich schenken werde.

dd) Die biblische Botschaft als Kunde vom Versöhnungstod Jesu Christi für alle Menschen fordert unseren Glauben, nicht unser spekulatives Grübeln in Gottes ureigensten Geheimnissen. Ein auf Gott ausgerichteter Glaube wird es sich aber niemals nehmen lassen, über sich selbst hinauszudenken und von Gott zu erwarten, daß Er das Wunder der in Christus für allen Menschen geschehenen Versöhnung einst auch an allen offenbar machen werde. Gott bleibt darin für unser Glauben und Denken völlig souverän, daß Er allein über die eschatologische Schlußperspektive der Weltgeschichte entscheidet und sich dadurch als der erweist, der größer ist als unser Wissen, Glauben und Hoffen.

Deswegen wird ein die Majestät Gottes anerkennender Glaube sich von der Behauptung ewiger Höllenstrafen ebenso abwenden wie von einer vorschnellen Propagierung einer endlichen Allversöhnung.

Er wird sich aber mit aller Bestimmtheit dagegen zur Wehr setzen, daß man Gott mit einem handfesten Höllendogma gleichsam zu Seinem eigenen Sklaven degradiert.

Wir erfahren aus dem Evangelium als Letztes und Höchstes, daß Gott Sich in Jesus Christus selbst dazu entschieden hat, die Welt zu lieben und mit Sich zu versöhnen. Deswegen muß der Glaube, ohne auch nur ein Jota am Entscheidungscharakter dieses Lebens abzustreichen, damit ernst machen, daß Gott auch in der Zukunft uns Menschen — und besonders den Verdammten gegenüber — so souverän und majestätisch handeln wird, wie Er handelte, als Er Seinen Sohn für uns sterben und auferstehen ließ.

Die endliche Allversöhnung darf unter diesem Gesichtspunkt weder aus der Bibel postuliert, noch als sicher konstatiert werden. Aber man darf sie noch viel weniger rundweg als unbiblisch verwerfen, ablehnen und aus dem hoffenden Glauben der Christenheit ausschließen, weil kein Mensch weiß, was Gott in und nach allen Gerichten mit den Verdammten tun wird.

Der Glaube ist sich nur des einen völlig gewiß: daß alle zukünftigen Entscheidungen Gottes den Stempel des Kreuzes — und das heißt Seiner Liebe — tragen werden, wie immer sie auch ausfallen mögen. Also doch endliche Allversöhnung? Diese Frage bleibt für uns alle unentschieden, solange wir leben. Christus indessen hat sie bereits entschieden. Der Glaube hält sich ganz an Ihn und überläßt Ihm vertrauensvoll das Schicksal der Verdammten. Denn bei Jesus Christus weiß er es in den besten Händen, nämlich in den Händen dessen, von dem allein wir auch die einzig wahre Antwort auf die Frage »Gibt es eine endliche Allversöhnung«? erwarten dürfen, weil von Ihm gilt: »Denn es ist das Wohlgefallen gewesen, daß in Ihm (Jesus Christus) alle Fülle wohnen sollte und daß alles durch Ihn versöhnt würde zu Ihm selbst, es sei auf Erden oder im Himmel, damit daß Er Frieden machte durch das Blut an Seinem Kreuz durch Sich selbst[39], [40].«

Literatur für eine eingehendere Beschäftigung mit der Allversöhnungsfrage

W. Michaelis, Versöhnung des Alls. Gümlingen bei Bern 1950

H. Schumacher, Das biblische Zeugnis von der Versöhnung des Alls. Stuttgart 1959

[39] Kolosser 1, 19—20

[40] eine sehr ausführliche Übersicht über alle seit Jahrhunderten und bis in die Gegenwart hinein erschienenen Bücher, Aufsätze und Broschüren zum Thema »Allversöhnung« findet sich in meiner Bibliographie »Apokatastasis panton«, die durch die Missionsbuchhandlung in Basel (Missionsstraße 21, CH-4003 Basel) bezogen werden kann.

IV.

Der Glaube als Geschichte und Gegenwart

1. Was war und wollte die »Aufklärung« des 18. Jahrhunderts?

Karl Barth hat einmal im Blick auf den »Absolutismus« des 18. Jahrhunderts ein Urteil gefällt, das man ohne Bedenken auf die Aufklärung im ganzen übertragen könne: er (beziehungsweise sie) sei ein »Lebenssystem, das gegründet ist auf die gläubige Voraussetzung des menschlichen Vermögens[1].«

Dieses »menschliche Vermögen« wird im Abendland zum ersten Mal in größerem Ausmaß während der sogenannten Renaissance und der mit ihr parallellaufenden Bewegung des »Humanismus« entdeckt. Die Renaissance hat das Bild vom Menschen und von der Welt nicht mehr in der christlichen Tradition oder in der Heiligen Schrift gesucht und gefunden, sondern in den leuchtenden kulturellen Vorbildern der griechisch-römischen Antike, deren Hauptmerkmale die Schönheit und das Große und Gute des Menschen waren.

Wo die Reformation als geistige Kraft wirksam wurde, hatte dieses Menschenbild keinen Platz, da Luther und Calvin den Menschen als verlorenen Sünder sahen, nicht als edle, fast heilige Gestalt.

Während in Europa noch die Religionskriege tobten, unter denen der letzte große volle 30 Jahre dauerte, bahnte sich in breiten Schichten der christlichen Völker langsam ein Wandlungsprozeß an, in dessen Auswirkungen wir bis heute stehen. Das erste Reifestadium dieses Prozesses war in seinen wichtigsten Punkten etwa um die Mitte des 18. Jahrhunderts erreicht. In diese Zeit fällt denn auch das, was wir in der Theologie und Philosophie die Epoche der »Aufklärung« nennen.

Doch ehe wir im einzelnen danach fragen, was die Aufklärung eigentlich war und wollte, wo sie einen Fortschritt brachte und in welcher Beziehung sie sich schädlich auswirkte, wollen wir kurz auf ihre Vorgeschichte eingehen, um ihr Werden und ihr Programm um so besser verstehen und würdigen zu können.

Es waren vorwiegend drei große Komponenten, die zum Werden der Aufklärung beitrugen: ein neues naturwissenschaftliches Weltbild, der

[1] K. Barth, Geschichte der protestantischen Theologie im 19. Jahrhundert. Ihre Vorgeschichte und ihre Geschichte. Zürich 1952, S. 19

philosophisch-weltanschauliche Toleranzgedanke und eine neue (diesseitsgerichtete und vom Vermögen der menschlichen Vernunft überzeugte) Philosophie.

a) Voraussetzungen der Aufklärung

1534 hatte Kopernikus das sogenannte »geozentrische« Weltbild durch das sogenannte »heliozentrische« ersetzt, das heißt er hatte nachgewiesen, daß nicht die Erde, wie man das ganze Mittelalter hindurch geglaubt hatte, im Mittelpunkt der »Welt« steht, sondern die Sonne. Für viele Menschen bedeutete diese Entdeckung einen Schock. Sie glaubten, daß mit ihr auch die Tatsache hinfällig werden müsse, daß Gott in Christus auf der *Erde* Mensch geworden sei, daß Gott sich in erster Linie um uns Menschen auf dem Erdball kümmere. Hier liegt eine der stärksten Wurzeln dafür, daß die Aufklärung dann hauptsächlich in den Bahnen des 1. Glaubensartikels denkt und philosophiert, in dem es bekanntlich um Gott (als) den Schöpfer (und Erhalter) der Welt geht. Der im Jahre 1600 öffentlich verbrannte Italiener Giordano Bruno fügte dem kopernikanischen Schock einen weiteren hinzu, indem er bewies, daß auch die Fixsterne Sonnen seien. Damit war das (wie man im Mittelalter irrtümlich gemeint hatte) sorgsam die Erde umgebende Himmelsgewölbe völlig aufgesprengt, und man erkannte mehr und mehr, daß die Erde nur ein winziges Staubkorn im Weltall sei. Man versteht, daß und warum es den Menschen dabei bedrohlich zumute wurde und sie sich nicht ohne weiteres vorzustellen wußten, wie sich denn Gott gerade um die Bewohner des Staubkorns Erde kümmern solle.
Später fanden Kepler, Galilei und der Engländer Newton, daß die Bewegung der Gestirne nach bestimmten (rechnerisch nachprüfbaren) Gesetzen verlaufe, so daß man es für überflüssig hielt, daran zu glauben, daß Gott das alles selber ständig regle.
Diese wissenschaftlichen Erkenntnisse, die für uns heutige Menschen längst zu Selbstverständlichkeiten geworden sind, waren für die damaligen Menschen nun nicht nur furchterregende Entdeckungen, die es ihnen auf der klein gewordenen Erde gleichsam angst und bang werden ließen, sondern sie gaben auf der anderen Seite dem menschlichen Selbstbewußtsein auch einen ungeahnten Aufschwung. Bisher hatte man — wohl oder übel — das geglaubt, was die Kirche vorschrieb. Jetzt wollte man nicht mehr in allen Fragen blindlings der Bibel oder dem Dogma vertrauen, sondern überall den eigenen Verstand gebrauchen und sich mit seiner Hilfe in der Welt orientieren.

Bisher galt es, sich der Autorität der Kirche zu beugen, jetzt wollte man sich nur dem beugen, was die Vernunft einleuchtend zu machen verstand. Eine Redensart aus jener Zeit formulierte das folgendermaßen: »Der Offizier sagte (bisher): ›Räsoniert nicht, sondern exerziert!‹. Der Finanzrat: ›Räsoniert nicht, sondern bezahlt!‹ Der Geistliche: ›Räsoniert nicht, sondern glaubt‹«[2].

Man wollte keine vom Menschen unabhängige Autorität mehr anerkennen. Als Prinzip galt: In Zweifelsfragen entscheidet (allein) die Vernunft. Was diese Vernunft sei, was sie leisten könne und wie sie sich zum Glauben verhalte — das war jetzt *das* große Thema in der Philosophie und bald auch in der Theologie.

Dazu kam der Toleranzgedanke, der sich nach den Religionskriegen wie von selbst einstellte. Man war dessen müde, sich gegenseitig wegen verschiedener Glaubensauffassungen zu bekriegen und einer den anderen als Ketzer auszuschreien. Betonte man die allen Menschen gemeinsame Vernunft und ihr Vermögen, so trat der Streit um religiöse Meinungsverschiedenheiten als untergeordnet zurück. Es gab ja ein Fundament, auf dem man sich treffen konnte — eben die Vernunft.

Philosophisch wurde die Aufklärung von den verschiedensten Ursprüngen her vorbereitet, vor allem von englischer und französischer Seite, das heißt in Ländern, in denen das humanistische Selbstvertrauen auf die Fähigkeit des Menschen relativ am wenigsten von dem Aufbruch der Reformation und ihres Gottes- und Menschenbildes angegriffen oder gar beseitigt worden war.

1620 veröffentlichte der englische Philosoph Francis Bacon ein Buch »Novum Organum Scientiarum« (Neues Werkzeug der Wissenschaften), in dem sich folgender wichtige Satz findet: »Der Mensch, der Diener und Ausleger der Natur, wirkt und weiß soviel, als er von der Ordnung der Natur durch *Versuche* oder durch *Beobachtung* bemerkt hat; weiter weiß und vermag er nichts«[3]. Damit waren das Wissen und die menschliche Vernunft zum alleinigen Maßstab aller Erkenntnisse erhoben.

Zu ähnlichen Aussagen kam 1637 der französische Philosoph René Descartes in seinem »Discours de la méthode« (Abhandlungen über die Methode): »Meine erste Regel war, niemals etwas als wahr anzu-

[2] zitiert nach: Paul Börger, Am Quell des Lebens. Lehrbuch für die evangelische Unterweisung an höheren Schulen. Band II: Mittelstufe. 8. Aufl. Heidelberg 1958, S. 216

[3] zitiert nach: Paul Börger, Quellen zur Kirchengeschichte des 17. und 18. Jahrhunderts. Heidelberg 1954, S. 32

nehmen, was ich nicht klar als solches erkannte, das heißt alle Überstürzung und alle Vorurteile aufs sorgfältigste zu vermeiden. Was mich aber bei dieser Methode am meisten befriedigte, war der Umstand, daß ich durch sie sicher war, in allem meine Vernunft anzuwenden« (II, 14 und 21)[4].

Damit hätten wir wohl die wichtigsten Grundlagen der Aufklärung kurz angedeutet und können nun übergehen zur Darstellung dessen, was diese geschichtliche Erscheinung an Motiven beinhaltete und wie diese Motive sich in der Praxis des Lebens, vor allem auch des kirchlichen Lebens, bemerkbar machten.

b) Überzeugungen und Lehren der Aufklärung

Was die Aufklärung sei und wolle, hat der berühmte Königsberger evangelische Philosoph Immanuel Kant in seiner Schrift »Was ist Aufklärung?« (1784) einmal klassisch so formuliert: »Aufklärung ist der Ausgang des Menschen aus seiner selbstverschuldeten Unmündigkeit. Unmündigkeit ist das Unvermögen, sich seines Verstandes ohne Leitung eines andern zu bedienen. Selbstverschuldet ist diese Unmündigkeit, wenn die Ursache derselben nicht am Mangel des Verstandes, sondern der Entschließung und des Mutes liegt, sich seiner ohne Leitung eines andern zu bedienen. Sapere aude! Habe Mut, dich deines eigenen Verstandes zu bedienen! ist also der Wahlspruch der Aufklärung. Zu dieser Aufklärung wird aber nichts weiter erfordert, als Freiheit, und zwar die unschädlichste unter allem, was nur Freiheit heißen mag, nämlich die, von seiner Vernunft in allen Stücken öffentlichen Gebrauch zu machen. Der öffentliche Gebrauch der Vernunft muß jederzeit frei sein, und der allein kann Aufklärung unter Menschen zustande bringen«[5].

Wie sieht nun dieser ungehinderte Gebrauch der menschlichen Vernunft aus? Zu welchen Ergebnissen führte er in der Aufklärung? Wir wollen uns die Antwort auf diese Fragen von mehreren Seiten her deutlich machen.

In der Religion darf hinfort nur gelten, was *vernünftig* ist. Die göttliche Offenbarung muß sich darum an der menschlichen Vernunft messen lassen, nicht mehr umgekehrt. Der Engländer Tindal schrieb darüber in seinem 1730 erschienenen Buch »Das Christentum so alt wie

[4] ebenda, S. 33
[5] ebenda, S. 31 f.

die Schöpfung«: »Die natürliche oder vernünftige Religion, welche einem jeden von uns bei der ersten Schöpfung ins Herz geschrieben worden ist, ist aber nun der Probierstein jeder geoffenbarten Religion. Und wenn diese (das heißt die geoffenbarte Religion) nur in einem einzigen Stück von der natürlichen und vernünftigen Religion abweicht, auch nur in dem allergeringsten Umstand, so ist dieses allein ein genügender Grund, wodurch alles andere, was man zur Verteidigung derselben beibringen kann, ganz und gar unkräftig gemacht wird«[6]. War früher die kirchliche Lehre der absolute Maßstab für die Beurteilung aller Dinge, so tritt jetzt die menschliche Vernunft an ihre Stelle. Der Mensch entscheidet mit seinen fünf Sinnen, was gut ist und was nicht, was in beziehungsweise an der geoffenbarten Religion »stimmt« und was nicht.

Dem Glauben an die göttliche Offenbarung hat ausgerechnet ein deutscher Philosoph den schwersten Schlag versetzt. Es war dies Gotthold Ephraim Lessing, der in seinem Buch »Die Erziehung des Menschengeschlechtes« (1780) folgende schwerwiegende Behauptung aufstellte: »(§ 4) Erziehung gibt dem Menschen nichts, was er nicht aus sich selbst haben könnte; sie gibt ihm das, was er aus sich selber haben könnte, nur geschwinder und leichter. Also gibt auch die Offenbarung dem Menschengeschlechte nichts, worauf menschliche Vernunft, sich selbst überlassen, nicht auch kommen würde, sondern sie gab und gibt ihm die wichtigsten dieser Dinge nur früher«[7]. Damit war der abgrundtiefe Graben, den das Neue Testament und die Reformation zwischen dem sündigen und gottentfremdeten Menschen einerseits und dem heiligen Gott andererseits deutlich gezogen hatten, soweit zugeschüttet, daß der Mensch ihn von sich aus überspringen konnte. Die Offenbarung brachte ihm nichts grundsätzlich Neues und anderes mehr. Er besaß ja alle diese Dinge schon zuvor von Natur aus (in sich) und hätte sie nur — wäre die Offenbarung nicht gekommen — in einem langsamen Prozeß aus sich heraus entwickeln müssen. Die Folge dieser Behauptung war dann zwangsläufig die, daß auch Christus nichts grundsätzlich Neues gebracht habe. Hatte er aber nichts grundsätzlich Neues gebracht, so brauchte er auch nicht mehr der Sohn Gottes zu sein und konnte mit allen anderen Menschen auf ein und dieselbe Stufe gestellt werden.

Dazu gaben die Aufklärer ein Bild von Welt und Geschichte, das sich

[6] ebenda, S. 36

[7] Zitiert nach: G. E. Lessing, Gesammelte Werke in zehn Bänden. Achter Band (Berlin-Ost 1956), S. 591 (auch bei P. Börger, Quellen, S. 45)

in allen wesentlichen Punkten von dem der Bibel unterschied. Wir wollen es uns kurz verdeutlichen.

Am Anfang, so sagten sie, herrschte die sogenannte »natürliche Religion«, die allen Menschen in gleicher Weise mitgegeben war. Damals kannte man noch keine Zivilisation, und alle Menschen waren gut, weil die Natur noch unverdorben war. Dann aber kam die Zivilisation mit ihren schädlichen Einflüssen, und die Menschen wurden mehr und mehr der Natur entfremdet und damit auch schlecht. Sie werden aber bald wieder besser, wenn man sie den Einflüssen der Zivilisation entzieht und möglichst viel mit der Natur in Verbindung bringt. In der Natur begegnet der Mensch Gott. Jean Jacques Rousseau, der große französische Philosoph und Dichter, hat diese Ansichten in die Köpfe von Millionen gepflanzt. Er schrieb 1762 einen berühmten Roman: »Emile ou sur l'éducation« (Emil oder über die Erziehung), in dem wir unter anderem Folgendes lesen: »So habe ich alle Bücher zugemacht. Ein einziges liegt offen vor aller Augen: es ist *das Buch der Natur.* Aus diesem großen und erhabenen Buch lerne ich seinen göttlichen Verfasser anbeten und ihm dienen. Niemand ist zu entschuldigen, wenn er nicht darin liest; denn es spricht zu allen Menschen eine Sprache, die jeder versteht. Wäre ich auf einer verlassenen Insel geboren, hätte ich nie einen anderen Menschen gesehen als mich selbst, hätte ich niemals erfahren, was in alter Zeit in einem Winkel der Welt sich zugetragen hat, so würde ich, wenn ich meine Vernunft anwende, wenn ich von den unmittelbaren Fähigkeiten, die Gott mir gegeben hat, den rechten Gebrauch mache, *ganz aus mir selbst lernen, Gott zu kennen, ihn selbst und seine Werke zu lieben, das Gute zu wollen, was er will und, um ihm zu gefallen, alle meine Pflichten auf der Erde zu erfüllen«*[8].

Was ist damit gesagt? Doch nicht weniger als dies, daß wir uns in keiner Weise um das zu kümmern brauchen, was in alter Zeit in einem abgelegenen Winkel der Welt geschehen ist. Wenden wir nur unsere natürlichen Fähigkeiten an, so kommen wir schon ins rechte Verhältnis zu Gott. Die Vernunft leistet das alles. Der Mann aus Nazareth ist dazu nicht nötig, braucht in diesem Zusammenhang überhaupt nicht erst erwähnt zu werden! Denn einmal können wir auch ohne ihn zu Gott in Beziehung treten, und dann gibt es ja in den Augen von Rousseau keine Störung des Verhältnisses Gott-Mensch, die so unheilbar wäre, daß nur Gott sie durch einen Akt der Gnade und Liebe beheben könnte.

[8] zitiert aus: P. Börger, Quellen, S. 37 f.

Nun, wo Jesus eine solche Rolle — oder besser gesagt: ganz und gar keine Rolle mehr — spielt, da kann man mit seinem Leben und seiner Verkündigung auch sorglos umgehen, da werden auch die biblischen Berichte über ihn bis zur Bedeutungslosigkeit umgebogen und schließlich offen als Erfindungen und Fälschungen hingestellt. Das hat denn auch der Hamburger Professor Reimarus (gest. 1768) ganz unverblümt getan. Er wollte von der Offenbarung und der Bibel nicht mehr viel wissen. »Die Sprache der Natur, die in den Geschöpfen Gottes redet, nebst Vernunft und Gewissen ist allein die allgemeine Sprache, dadurch sich Gott allen Menschen und Völkern offenbaren kann«[9].

Über Jesus und seine Jünger kann Reimarus so abschätzig wie nur möglich urteilen. In einer Abhandlung »Von dem Zwecke Jesu und seine Jünger« behauptete er, Jesus habe nichts anderes gewollt als die Aufrichtung eines weltlichen Messiasreiches. Doch das sei ihm nicht gelungen. Die Jünger seien solche Gauner gewesen, daß sie selbst noch aus dem Mißerfolg Jesu reichliches Kapital geschlagen hätten. Doch lassen wir Reimarus selbst zu Worte kommen: »Die Apostel hatten demnach nicht allein aus der vorigen Erfahrung Vorgeschmacks genug, daß sich bei dem Lehramt und bei der Verkündigung vom Reiche des Messias außer zu reichlichem Unterhalt Ehre, Hoheit und Macht erwerben lasse, sondern sie besaßen auch, wie ihre nachmalige Aufführung zeiget, Verstand genug, sich alle die Vorteile aufs beste zunutze zu machen. Kein Wunder also, daß sie nach ihrer einmal fehlgeschlagenen Hoffnung auf die Hoheit und Vorteile im Reiche des Messias den Mut nicht alsofort sinken lassen, sondern sich durch eine kühne Erfindung einen neuen Weg dazu bahnen. In ihren verschlossenen Türen und bei dem gemeinschaftlichen Anliegen, da sie noch einmütig beieinander waren, hatten sie die beste Zeit zu überlegen und miteinander zu verabreden, wie sie diese Meinung zu ihrem Vorteil anwenden könnten; und dazu war vor allen Dingen nötig, den Körper Jesu bald wegzuschaffen, damit sie vorgeben konnten, er sei aufgestanden und gen Himmel gefahren, um von dannen nächstens mit großer Kraft und Herrlichkeit wiederzukommen«[10].

So sieht also die Lebensgeschichte Jesu aus, wenn man sie mit den Augen des »reinen« Verstandes und der menschlichen Vernunft betrachtet!

Was sagen die Aufklärer dann überhaupt noch über Jesus? Wer war er nach ihrem Urteil ?

[9] ebenda, S. 44
[10] ebenda, S. 45

Da man keine Offenbarung mehr braucht, bedarf es hinfort auch des Glaubens an ihn als den Sohn Gottes und Offenbarer der göttlichen Liebe nicht mehr. Nachdem aber Jesus damals schon seit einem guten Jahrtausend eine zentrale Gestalt der abendländischen Geschichte gewesen war, wollte man ihn nicht ganz »abschaffen«. Man hatte noch eine »Rolle« für ihn bereit, die er auch in einem aufgeklärten Zeitalter ruhig spielen durfte: Man machte ihn zum vorbildlichen Moral-Lehrer. Jesus hatte (nach der Meinung vieler Aufklärer) im wesentlichen nichts anderes getan, als die im Menschen schlummernde oder verschüttete reine Natur- und Vernunftreligion gepredigt. Alles im Evangelium, was mit dieser vernünftigen Naturreligion nicht übereinstimmt, haben die Apostel und die urchristliche Gemeinde in das Neue Testament nachträglich hineingeschmuggelt, so die Botschaft vom Versöhnungstod Jesu für unsere Sünden, von seiner Wiederkunft und seiner Göttlichkeit. Wo etwas unserem modernen Empfinden nicht entspreche und vor dem Urteil der Vernunft nicht bestehen könne, da dürfe und müsse man es fallenlassen, zumal alles in den Evangelien, was nicht »zur moralischen Ausbesserung diene«, sowieso nur als Angleichung Jesu und der Apostel an die landläufigen Vorstellungen ihrer Zeit und Umgebung zu deuten sei.

Zu Gott, dem Vater, wollten die Aufklärer nicht über Jesus kommen, der von sich gesagt hatte, er allein sei der Weg, die Wahrheit und das Leben (Johannes 14,6). Darum wählte man den Weg über die Natur. Aus ihr bewies man förmlich, daß er ein Gott sei, und daß er es gut mit dem Menschen meine.

Dabei wußte man die unglaublichsten Dinge über Gott auszusagen. Der Philosoph Christian Wolff (gest. 1756) hat sogar einmal eine Berechnung aufgestellt, die zeigen sollte, wie groß ungefähr der Intellekt Gottes sei. Er ging dabei von folgender Vorstellung aus: Vergleicht man einen Intellekt, der nur die Erdoberfläche übersieht, mit einem Intellekt, der unser Planetensystem erfaßt, so kommt man auf ein Verhältnis von 1 : 92 483 305 005 195 264 (eins *zu* zweiundneunzig Billiarden, 483 Billionen, 305 Milliarden, 5 Millionen, 195 Tausend und 264). Vergleicht man den Intellekt, der unser Planetensystem übersieht, nun seinerseits mit einem, der alle uns sichtbaren Sternenwelten umfaßt, so ist das Verhältnis 1 : 478 601 103 401 885 491 200 000 (eins *zu* 478 Trilliarden, 601 Trillionen, 103 Billiarden, 401 Billionen, 885 Milliarden, 491 Millionen und 200 000).

Entsprechend *noch* größer muß man sich Gottes Intellekt vorstellen![10a]

10a vgl. dazu: W. Philipp, Das Zeitalter der Aufklärung (= Klassiker des Protestantismus, Band VII, Bremen 1963), S. 37

Andere Philosophen und Theologen schrieben geradezu phantastisch anmutende Bücher, um das Dasein Gottes zu beweisen. Ein gewisser Pastor Friedrich Christoph Besser gab ein Werk heraus mit dem Titel »Testaceotheologie« (= Theologie der Versteinerungen). Dieses Buch trägt den Untertitel: »Oder Beweis des Daseins eines göttlichen Wesens aus Betrachtung der Schnecken«. Es erschien im Jahre 1756 in Leipzig. Der Weg zu Gott führt jetzt über das Beweisen und über die Schau der Natur, nicht mehr über den Gekreuzigten und die Botschaft von seinem Leiden und Auferstehen.

Den Sinn des menschlichen Lebens sieht man nun nicht mehr in der Vorbereitung auf die Ewigkeit. Man sucht ihn ganz im Diesseitigen. Die Aufklärer fragen sich, wozu Gott alles geschaffen habe und geben darauf die Antwort: um den Menschen auf Erden glücklich zu machen. Die Folgen für das kirchliche Leben blieben nicht aus, auch wenn die deutsche Aufklärung längst nicht so radikal vorging, wie etwa gewisse Bewegungen in Frankreich oder England, die der Kirche und ihrem Tun oft nur noch mit Spott und Hohn begegneten. So ließ der französische Philosoph Montesquieu in seinen »Persischen Briefen« einen in Europa weilenden Perser Folgendes nach Hause schreiben: »Der Papst ist ein Hexenmeister, der dem geistreichen Volk der Franzosen beigebracht hat, daß drei gleich eins ist und daß das Brot mittels einiger darüber gesprochener Worte aufhöre, Brot zu sein«[11].

Der Gelehrte Diderot schrieb, er freue sich auf den Tag, an dem der letzte König mit den Eingeweiden des letzten Priesters erwürgt würde[12]!

In der Predigt wurde der Vernunft- und Nützlichkeitsglaube der Aufklärer an das *Volk* herangetragen. Man verkündigte vielfach nicht mehr die großen Taten Gottes in Jesus Christus und an seinem Volk, sondern gab der Gemeinde Anweisungen zu einem vernünftigen Lebenswandel, dazu allerlei praktische Ratschläge für den Alltag. So predigte man an Weihnachten anhand der Erzählung von der Reise Josephs und Marias nach Bethlehem über das Thema: »Die Gefahren weiter Reisen«[13]. Die Geburtsgeschichte Jesu nahm man zum Anlaß, um den Bauern Hinweise »Über den Nutzen der Stallfütterung« zu geben. An Palmsonntag drehte sich die Predigt nicht um den in Jeru-

[11] zitiert nach: F. Oehinger, Geschichte des Christentums in seinem Gang durch die Jahrhunderte (Jubiläumsausgabe. 49.—53. Tausend). Konstanz o. J., S. 457

[12] am selben Ort

[13] vgl. dazu: G. Buchwald, Deutschlands Kirchengeschichte ... Köln o. J., S. 468

salem einziehenden Jesus, sondern sie beschäftigte sich mit dem verbotenen Baumfrevel. Noch schlimmer stand es um die Osterpredigt. Da konnte man Ausführungen hören über die »Gefahr des lebendigen Begrabenwerdens« und über »Die Kennzeichen des Scheintodes«. Der Text von den Engeln am Grab Jesu gab Anlaß zu einem Appell »Wider die Gespenstersucht«. Wo man noch weiter von den biblischen Berichten abrückte, konnte eine Predigt folgendermaßen aussehen: Ostern ist das Fest der Ostereier. Eier bekommt man aber nur vom Federvieh. Also ist es, wenn man Ostern mit Ostereiern feiern will, entscheidend wichtig, daß wir heute über eine rentable Hühnerhaltung sprechen.

Es kamen Taufen vor, die nicht mehr im Namen des Vaters und des Sohnes und des Heiligen Geistes vollzogen wurden, sondern mit der Formel: »Ich taufe dich im Namen alles Wahren, Guten und Schönen«. Um die sogenannte »Frömmigkeit« der Aufklärung an einem letzten Beispiel deutlich zu machen, sei hier das »Bekenntnis eines pommerischen Pfarrers vor seinem Tode« zitiert, das folgendermaßen lautet: »In kindlicher Demuth und ruhiger Unterwerfung bete ich mit innigster Ehrfurcht an den Unbegreiflichen, der das Weltall schuf, ordnete, und erhaben über Zeit und Raum, ewig und grentzenlos beherrscht! — Lebt beim Vergehen meiner irdischen Körpergestalt das bis zur denkenden Vernunft, erkennenden Verstand und Willensfreiheit sich ausgebildete Geistige, was mit mir, wie nicht geleugnet werden kann, hier auf Erden verbunden ist, fort, ewig fort; so wird ihm dann an irgend einem Ort des Weltalls unaussprechlich wohl sein, wenn ich ein guter Mensch war und der Tugend treu blieb ...«[14].

c) *Die Aufklärung als »Bewegung für den Fortschritt«*

Nachdem wir uns einige Voraussetzungen und Lehren der Aufklärung vergegenwärtigt haben und mit den Grundlagen dieser geistigen Bewegung bekanntgeworden sind, wollen wir nun dazu übergehen, zuerst das herauszustellen, was man an der Aufklärung als wirklichen Fortschritt bezeichnen kann, um dann in einem letzten Abschnitt das aufzuzeigen, worin sie sich unverkennbar als Abweg und Verirrung erwiesen hat.

Die Aufklärung hat sich Verdienste erworben, von denen wir bis heute profitieren. Indem sie die allen Menschen gemeinsame Vernunft be-

[14] zitiert aus: E. F. Klein, Zeitbilder aus der Kirchengeschichte ..., III. Teil (2. Aufl., Berlin 1920), S. 197

tonte, wollte sie diese Vernunft auch bei allen Menschen gefördert und bestmöglich entwickelt sehen. War es bis dahin immer nur einer relativ kleinen Schicht des Volkes vorbehalten, an den Gütern der Bildung teilzunehmen, so verlangte die Aufklärung energisch die allgemeine Volksbildung, die jedermann zugute kommen sollte. Damit begann der planmäßige Aufbau des Volksschulwesens und eine vorher nie gekannte Förderung der höheren Schulen und Universitäten.

Mit dieser (auf eine breite Grundlage gestellten) Volksbildung sind auf natürliche Weise sehr viele Dinge von selbst verschwunden, die den mittelalterlichen Menschen schwer bedrückt hatten: Der Glaube an böse Geister, die Verbrennung von zahlreichen »Hexen« und die Folterung von Geisteskranken, die man schlug, weil man sie vom Teufel besessen glaubte. Daß man alle Dinge auf »natürliche« Weise und mit wissenschaftlichen Mitteln zu verstehen versuchte, das hatte — wie man nicht übersehen darf — auch sehr positive und begrüßenswerte Folgen.

Zu diesen Folgen gehörte unter anderem die kompromißlose Forderung nach Befreiung der Wissenschaften von kirchlicher Bevormundung, das heißt das Verlangen, Wissenschaft und Weltanschauung zu trennen. Indem die Aufklärung rückhaltlos für eine weltanschaulich »neutrale« Forschung kämpfte, hat sie den Grundstein gelegt für unsere moderne Wissenschaft und Technik. An diesem Punkt hat sie ganz bestimmt nicht gegen die göttliche Weisung im 1. Buch Moses gehandelt, in der es heißt, daß wir Menschen uns die Erde untertan machen sollen (1,28). Für uns Heutige ist es längst eine Selbstverständlichkeit geworden, daß die Kirche nicht darüber bestimmen kann und darf, was in der Wissenschaft richtig und was falsch oder verboten ist. Wir wissen wieder ganz neu, daß es die Aufgabe der Kirche ist, allen Menschen das Evangelium von Jesus Christus zu bringen und nicht Lehren darüber aufzustellen, ob der Durchmesser des Weltalls 2 oder 3 oder 5 Milliarden Lichtjahre beträgt.

Die Aufklärung hat ferner — und das oft gegen den Widerstand der Kirchen — immer für eine menschenwürdigere Behandlung der Menschen gekämpft. *Ihren* Bemühungen ist es zu verdanken, daß die vorher üblichen schrecklichen Foltermethoden abgeschafft wurden, daß der Grundsatz aufkam, alle müßten vor dem Gesetz und bei einem Gerichtsverfahren in gleicher Weise behandelt werden. Der Kampf der Aufklärung gegen die in Saus und Braus lebenden Fürsten und die teilweise in Wohlstand und Schlemmerei versunkene höhere Geistlichkeit ist ein Verdienst, das man ihr nicht absprechen kann. Die Aufklärer waren es auch, die gegen die schreienden Ungerechtigkeiten der absolutistischen Herrscher aufgetreten sind und die Unverletzlichkeit der Menschenwürde proklamierten, die heute in der Präambel einer jeden demokratischen Verfassung garantiert ist. Schließlich geht die Staatsform der modernen Demokratie weithin auf Gedanken der Aufklärer zurück, die nichts wissen wollten von einem halbgöttischen Fürsten und Staatsoberhaupt. Wie lange haben sich solche unbiblischen Vorstellungen und Ideen unter dem Schutz und Deckmantel etwa des Gottesgnadenkönigtums in Europa zu halten verstanden! Daß es heute in vielen Ländern keine Leibeigenschaft, keinen Frondienst, keine Willkürjustiz eines absolutistischen Fürsten mehr gibt, das haben wir mit den Aufklärern zu danken.

Und wir verdanken ihnen auch das andere, daß sich der Gedanke der religiösen Toleranz unter uns als eine Selbstverständlichkeit eingebürgert hat. Wo wir sie nicht verwirklicht sehen — wie zum Beispiel in Spanien —, da finden wir das rückständig und unmöglich. Dazu muß man aber sagen, daß es hauptsächlich die Aufklärer waren, die (gegen den oft heftigen Widerstand der Kirchen) dafür kämpften, daß kein Mensch in religiösen Dingen zu etwas gezwungen werden darf, was nicht seiner innersten Überzeugung entspricht. An dieser Stelle kommen viele Aufklärer — wenn auch mit ganz anderen Begründungen! — Martin Luthers Ansichten erheblich nahe.

Wir können heute die Aufklärung auch darin vollauf bejahen, daß sie die unbiblische Herrschaft der Kirche über alle Lebensbereiche gebrochen hat. Wir wissen, daß die Kirche nicht Herrin der Welt sein darf, sondern zur Botschafterin des Evangeliums berufen ist, also nicht dem Staat weltliche Gesetze vorschreiben darf, nicht darüber zu bestimmen hat, wer ein Volk regiert und was die Wissenschaft entdecken darf oder nicht.

Die Aufklärung hat in vieler Beziehung für jene Freiheit des Glaubens und Denkens gekämpft, die wir heute in zahlreichen modernen Verfassungen als für jedermann gültiges Recht niedergelegt und garantiert sehen. Daß sie diesen Kampf damals führte und (wenn auch manchmal erst lange Zeit später) damit schließlich Erfolg hatte, war eine ihrer unvergänglichen Großtaten zum Wohle der Menschheit, für die wir ihr auch heute noch Dank schuldig sind.

d) Die Aufklärung als Irreführung

Freilich — nun müssen wir uns der anderen Seite zuwenden — die Aufklärung bedeutete in vieler Hinsicht auch einen gefährlichen Abweg.

Daß der Mensch seine Vernunft entdeckte, sein Denken und Können, muß nicht an sich eine Gefahr sein.
Die Aufklärung hat aber vielfach in ihrer anfänglichen Entdeckerfreude weit über das Ziel hinausgeschossen. Als 1789 in Frankreich die Revolution erfolgreich verlaufen war, schaffte 4 Jahre später der Revolutions-Konvent zunächst die christliche Zeitrechnung ab und datierte die Jahreszählung nach dem Beginn der Revolution. Im selben Jahr wurde das Christentum offiziell als Religion verboten. Zur neuen Göttin erhob man die »Vernunft«, die in Form einer Dirnenstatue in Paris aufgestellt wurde. An diesem Beispiel sieht man am besten, wohin die Aufklärung letzlich führte: Zur Abschaffung Gottes und zur Vergötzung der gerade erst »entdeckten« Vernunft. Je mehr man dieser Vernunft zutraute, um so weniger hatte man Anlaß, sich um die göttliche Offenbarung zu kümmern. Hatte Lessing recht mit seiner Behauptung, daß die Offenbarung nichts bringe, was der Mensch sich nicht letztlich auch selber geben könne, so war die strenge Bindung an die Offenbarung und an die Heilige Schrift unnötig. Blieb man trotzdem der Bibel verpflichtet, so nur unter zwei ausdrücklichen Voraussetzungen: 1. Es durfte in ihr nur gelten, was dem menschlichen Verstand einleuchtete, und es war fernerhin nur brauchbar, was 2. einem guten und moralischen Leben diente. Die tragenden Fundamente der biblischen Botschaft wurden damit hinfällig: War die Sünde keine radikale und tödliche Trennung des Menschen von Gott mehr, sondern mehr Unwissenheit, Unfreiheit und Unvollkommenheit, die sich durch konsequente Erziehung beseitigen ließen, so brauchte man letzten Endes auch den Mann am Kreuz nicht, brauchte keine Versöhnung durch sein Blut, keine Führung durch den heiligen Geist usw. Lag es nur am Menschen und seiner Vernunft, sich so gut wie möglich in der Welt einzurichten, so galt dem irdischen Leben nunmehr alles Interesse. Was nach dem Tode auf uns wartet, wird unwichtig, weil wir *jetzt* leben und *jetzt* glücklich sein möchten. Soweit uns Gott und die Religion dazu verhelfen können, sollen sie weiterhin geduldet oder gar angenehm sein. Darüber hinaus brauchen wir sie nicht. Die mit der Aufklärung verbundenen neuen wissenschaftlichen Erkenntnisse haben dem Menschen ein vorher nie gekanntes Gefühl seines Könnens und seiner Überlegenheit über die Welt verliehen. Er wurde dadurch nicht nur selbstsicher, sondern auch selbstherrlich. Wozu noch an einen lebendigen Gott glauben, wenn man so vieles aus sich selber heraus vermag?
Die tiefste und folgenschwerste aller Täuschungen der Aufklärung und ihr gefährlichster Abweg liegen meines Erachtens dort, wo sie

zwei Dinge miteinander verwechselt — oder besser gesagt: in falscher Weise miteinander gleichgesetzt — hat, die sich schlechthin nicht gleichsetzen lassen:

Die Aufklärung ist nicht zu verstehen ohne den überschäumenden Siegesrausch, dem Menschen endlich Freiheit, Gleichheit und das nachhaltige Wissen um seine Vernunft vermittelt zu haben. Die Freilegung dieser Kräfte führte zu einem ungeahnten Fortschritt in Kultur und Wissenschaft, zur Forderung nach Toleranz und Religionsfreiheit. Man lernte es mehr und mehr, ohne und meist sogar gegen die Kirchen mit der Welt fertig zu werden, dem Leben auch ohne Religion einen Sinn zu geben, der Natur ein Geheimnis nach dem anderen abzulauschen und zu entlocken. Dieser Prozeß führte dazu, daß man sich dem Glauben hingab, diese Entwicklung werde nun stetig so weitergehen, bis der Mensch aus eigener Kraft das Paradies auf Erden geschaffen habe.

Daß die Welt im Argen liege, war den Aufklärern ein dummer und absurder Gedanke. Sie wollten nichts von solchen düsteren Diagnosen hören.

Was in Wissenschaft und Technik erreicht wurde, sollte selbstredend auch im Blick auf den Menschen erreicht werden. Offen blieb nur die Frage nach der Zeit, die man dazu brauche. Indem man so den Fortschrittsgedanken von Wissenschaft und Technik auf den Menschen übertrug, als sei der Mensch ein Material, das sich bearbeiten, gestalten und veredeln lasse, gab man sich der denkbar größten Täuschung hin und nahm eine Hypothek auf, an der wir heute noch abzuzahlen haben, ohne sie je tilgen zu können: Man erwartete das Heil des Menschen und die Erfüllung der Geschichte vom Tun des Menschen, von den Kräften seiner Vernunft, von dem natürlich-guten Kern in ihm. Damit stellte man dem, was die Bibel über den Menschen sagt, ein selbstgemachtes Menschenbild gegenüber. Was war die Folge dieser schwersten Selbsttäuschung? Sie brachte den Kulturoptimismus hervor in seiner Folge auch den Kulturprotestantismus, die in der Geschichte nicht mehr den Kampf zwischen Gott und dem Teufel um die Seele des Menschen sahen, sondern eine stetig zum Guten weiterschreitende Entwicklung, in der der Mensch selbst eine wichtige positive Rolle spielt. Dabei ging die alles entscheidende Einsicht verloren, daß die menschliche Vernunft keine neutrale Größe ist, sondern mit unter dem Gegensatz von Gott und Teufel steht. Löst sich aber den Mensch von Gott, so gibt er damit sich und seine Vernunft dem Dämonischen anheim.

Daß das tatsächlich eingetreten ist, haben uns zwei schreckliche Weltkriege gelehrt. Seit dem Aufkommen der Großindustrie im 19. Jahrhundert wurde jeweils das Beste an neuen Erkenntnissen zuerst und am umfassendsten in den Dienst des Krieges und der Massenvernichtung gestellt. Millionen von Opfern auf den Schlachtfeldern und in zerbombten Städten sind Zeugen für diesen Vorgang.

Und dort, wo der Mensch mit seinem forschenden Verstand in die tiefen Geheimnisse der göttlichen Schöpfung eingedrungen ist, indem er das Atom zu ergründen und sich nutzbar zu machen lernte, dort hat sich seine Bewältigung der Natur in eine Gefahr verwandelt, die inzwischen solche Ausmaße angenommen hat, daß der von Gott losgelöste Mensch heute in der Lage ist, durch einen einzigen Knopfdruck die Erde in Staub zu verwandeln, das heißt das Schöpfungswerk Gottes rückgängig zu machen und damit so etwas wie ein Gegen-Gott zu werden.

Nicht das war das große Unglück der Aufklärung, daß sie den Menschen zu eigenem Tun, zum Gebrauch seiner Vernunft anleitete — eine Entwicklung, hinter die wir nie und nimmer zurück können, weil unser ganzes wirtschaftliches, kulturelles und häusliches Leben ohne sie in mittelalterliche Zustände zurücksinken würde! —, sondern daß sie darüber vergaß, daß wir auch mit all unserer noch so schöpferischen Vernunft zuerst und vor allem anderen in die Auseinandersetzung zwischen Gott und dem Teufel, zwischen Sünde und Gnade, Gehorsam und Ungehorsam, Glauben und Unglauben hineingestellt sind, und daß niemand unserem Leben einen letzten Sinn und ein letztes Ziel geben kann, als nur Gott, der Schöpfer allein.

Unsere Antwort auf das Anliegen der Aufklärung kann heute nur die sein, daß wir freudig und dankbar das Geschenk der Vernunft, der Wissenschaft und Technik aus Gottes Händen annehmen und bei allem Großen, was uns daraus erwächst, nie vergessen, daß sich in alledem der Sinn unseres Lebens nicht erfüllen kann und wird, weil Gott uns zur Gemeinschaft mit sich selbst geschaffen hat, und wir ohne diese Gemeinschaft auch bei aller Vernunft und allem Fortschritt den letzten Sinn unseres Lebens verfehlen. Darum dürfen wir als Christen die Aufklärung soweit bejahen, als sie nicht zur Religion wird und uns die Freiheit läßt, an den zu glauben, in dem — und *davon* leben wir *vor*, inmitten und auch *nach* aller Aufklärung — »alle Schätze der Weisheit und Erkenntnis verborgen liegen« (Kolosser 2,3).

Weiterführende Fragen und Anstöße

> Wo finden sich im heutigen kirchlichen und theologischen Gespräch Anregungen, Vorschläge und Ideen, die nach Form und Inhalt denen der »Aufklärung« des 18. Jahrhunderts (mehr oder minder) ähnlich oder gleich sind?

> Worin unterscheiden sich nach Ihrer Meinung (stets notwendige) »Aufklärung« und (irreführender) »Rationalismus«?

> Welche Probleme müßte eine (zu bejahende!) »Aufklärung« heute in Theologie und Kirche in erster Linie aufgreifen und einer (neuen) Lösung zuführen?

Weiterführende Literatur

W. Philipp (Hrsg.), Das Zeitalter der Aufklärung, 1963 (= Klassiker des Protestantismus, Band VII)

W. Philipp, Das Werden der Aufklärung in theologiegeschichtlicher Sicht, 1957

Fr. W. Kantzenbach, Protestantisches Christentum im Zeitalter der Aufklärung, 1965 (= Evangelische Enzyklopädie, Band 5/6)

J. B. Metz / J. Moltmann / W. Oelmüller, Kirche im Prozeß der Aufklärung, 1970

J. Chr. Hampe, Ehre und Elend der Aufklärung gestern wie heute. Ein engagierter Vergleich, 1971 (= Kaiser Traktate 4)

2. Christlicher Glaube in einer sich wandelnden Welt

Als der bekannte Kulturphilosoph Oswald Spengler vor rund 50 Jahren sein aufsehenerregendes Werk »Der Untergang des Abendlandes« veröffentlichte, in dem er sich unter anderem auch mit dem Neuen Testament auseinandersetzte, schrieb er zur sogenannten Pilatusfrage in Johannes 18,38 (»Was ist Wahrheit«?), dieses Wort sei das einzige im Neuen Testament, das »Rasse hat«[1]. Wir müßten heute etwas anderes formulieren und sagen: »Dieses Wort des Neuen Testaments ist auch für den Menschen der Gegenwart — und ganz gewiß nicht weniger für den der Zukunft — eine unumgängliche Frage, an der niemand vorbeigehen kann, der nach dem letzten Sinn unseres Menschseins fragt«.

Wenn wir uns heute — mehr denn je zuvor — gemeinsame Gedanken darüber machen, was aus dem christlichen Glauben in der »modernen« Welt geworden ist, wie er sich uns und unseren Zeitgenossen darstelle, wie wir diesen alten Glauben bewahren und doch zugleich auf die Welt von heute und morgen beziehen und ausrichten können, damit er nicht als eine überholte mittelalterliche Weltanschauung erscheine, sondern seine Kraft und Klarheit auch und gerade unter völlig veränderten Bedingungen ganz neu zeige und erweise, dann darf es sich bei einem solchen Versuch nicht darum handeln, daß wir christlichen Glauben und moderne Welt vordergründig gegeneinander ausspielen und damit den fatalen Eindruck erwecken, man müsse sich für die eine und somit immer zugleich gegen die andere Größe entscheiden. Mit anderen Worten: man könne entweder nur ein »moderner« Mensch sein, dem das Christentum nichts mehr zu sagen habe, oder man schlage sich auf die Seite des Christentums und überlasse die »moderne Welt« sich selber. Eine solche Haltung wäre nicht nur weltfremd (weil ja auch der Christ nicht im Himmel, sondern auf der Erde existiert!), sondern dem Wesen und Inhalt der biblischen Botschaft diametral zuwider. Denn die Bibel enthält keine theoretischen Überlegungen und geistreichen Gedankenlabyrinthe. Sie richtete sich von jeher an Menschen, die mitten in der rauhen bis unbarmherzigen Wirklichkeit des Diesseits zu leben hatten. Sie spricht auch heute nicht in einen

[1] Zweiter Band: Welthistorische Perspektiven. 58. und 59. Aufl. München o. J., S. 262

Raum »oberhalb« unserer Wirklichkeit hinein, sondern richtet ihr Wort mitten in unsere Situation.
Man hat im Blick auf das oben zitierte Pilatus-Wort schon Erwägungen darüber angestellt, ob die Frage des Pilatus als ein Ausdruck der eigenen Hilflosigkeit, der Skepsis, ja des Sarkasmus zu versehen sei oder ob sich hinter ihr ein Suchen verborgen habe, dem sie auch in selbstherrlicher römischer Statthalter nicht zu entziehen vermochte. Wir wissen nicht, welche dieser Vermutungen auf Pilatus zutrifft. Aber eines ist ganz sicher: Wenn die Wahrheitsfrage unter uns aufbricht, wird sie sehr verschieden beantwortet. Wir alle kennen den achselzukkenden Zeitgenossen, für den sich das Problem sehr schnell erledigt, indem er etwa — nach echt bayrischer Manier — einfach erklärt: »Man kann doch nichts Genaues nicht wissen!« Vielen Menschen ist diese Auskunft zu vage und nichtssagend. Sie möchten wissen, warum und wozu man letztlich ein Mensch — und nicht ein Affe, ein Maikäfer oder ein Veilchen ist. Diese Frage bohrt sich ihnen nicht einmal, sondern fortlaufend in Herz und Kopf — sei es bei einem Gang über den Friedhof, bei der Erreichung der Altersgrenze für die Pensionierung oder mitten im Alltag von Ehe, Beruf und Freizeit.
Viele unter uns ahnen, daß die Frage nach Sinn und Wahrheit unseres Menschseins auch nicht damit beantwortet ist, daß wir jedes Jahr 10% mehr verdienen, einen längeren und noch schöneren Urlaub machen, uns noch modernere Möbel und ein noch größeres Auto kaufen. Ich bestreite nicht, daß das alles sehr interessante und sicher auch erstrebenswerte Größen sind. Aber der Sinn unseres Menschseins kann sich unmöglich in ihnen erfüllen. Es nützt auch wenig, wenn wir der persönlich gestellten Sinnfrage lediglich dadurch ausweichen, daß wir sie sozusagen »sozialisieren«: daß wir vom kommenden absoluten Weltfrieden, vom Ausgleich aller sozialen Spannungen, vom Abbau autoritärer Strukturen etc. träumen und schwärmen. Denn so wie jeder einzelne von uns einmal den Weg seines persönlichen Sterbens gehen muß, so muß er auch für sich selber der Sinnfrage nachspüren. Auch das perfekteste Sozialsystem kann uns diese Frage nicht beantworten.
Die Überschrift über diesem Kapitel enthält neben dem deutlichen Hinweis auf die »sich wandelnde Welt« einen zweiten Faktor, den wir nicht übersehen wollen. Sie spricht vom »christlichen Glauben« bzw. meint die »christliche Botschaft«. Aber was ist das? Gerade an diesem Punkt können wir heute auf keine allgemeingültige Antwort mehr hoffen. Denn jene Zeiten, in denen man (irrtümlicherweise!) meinte, die sogenannte »christliche Botschaft« sei eine klare, genau bestimmte und fest umgrenzte Größe, sind längst vorüber. Wer sich in der Ge-

schichte der Kirche einigermaßen auskennt, weiß nur zu gut, daß es eine solche Übereinstimmung nie gegeben hat. Der Streit um die »biblische Botschaft« tobt nicht erst seit der neueren evangelischen Theologie! Er begann in der Auseinandersetzung zwischen Jesus und seinen Zeitgenossen, setzte sich in der harten Polemik zwischen Paulus und Petrus (vgl. Galater 2,11 ff.) fort, brach in der Reformationszeit neu auf und ist auch seitdem nie zur Ruhe gekommen. Selbst die organisatorisch früher einmal so geschlossene römisch-katholische Kirche ist heute Zeugin einer internen Krise, bei der diese Frage in immer neuen Formulierungen aufgeworfen und teilweise ganz anders als früher beantwortet wird. Wir können also nicht mehr davon ausgehen, daß es noch so etwas wie eine breite Übereinstimmung hinsichtlich dessen gäbe, was der »Kern und Stern« der biblischen Botschaft sei. Viele unter uns empfinden das als eine höchst beängstigende Tatsache. Sie sehen überall das Gespenst des Relativismus am Werk, das alles in Frage zieht und nichts Verbindliches mehr anerkennt. Die Frage nach der Wahrheit ist aber — genau besehen — nichts anderes als die Frage, was in unserem Leben und für unser Leben verbindlich sein und werden kann. Aus dem bisher Ausgeführten mag deutlich geworden sein, daß wir die in der Kapitelüberschrift enthaltenen Sachprobleme nur dann konsequent in Angriff nehmen, wenn wir beide Größen unzertrennlich beisammenhalten: die Welt, in der wir heute im letzten Drittel des 2. Jahrtausends zu leben haben, und die christliche Botschaft, die aus einer langen kirchlichen Tradition zu uns kam, und die wir daraufhin befragen wollen, was sie uns für unsere Gegenwart und Zukunft sagen und bedeuten könne. Damit ist eine doppelte Aufgabe vorgezeichnet, die wir in zwei Schritten nacheinander in Angriff nehmen werden.

Zuerst wollen wir fragen, welches die bedeutsamsten und wirkungsträchtigsten Wandlungen sind, die unser heutiges Weltbild gegenüber dem der Antike, des Mittelalters und auch noch dem der Reformationszeit verändert und neu geformt haben. Dann wollen wir diese gewandelte Situation im Blick auf eine ganz bestimmte Fragestellung ins Auge fassen: Was bedeutet der Wandel von der mittelalterlichen Einheitskultur zum modernen weltanschaulichen Pluralismus für die geistig-religiöse Situation des Abendlandes (und der Welt im ganzen)?

Beginnen wir mit dem ersten Schritt, dessen alleinige Aufgabe es sein soll, jenen gewandelten Welthorizont abzustecken, in dem wir heute (im Gegensatz zu den Menschen der Antike und des Mittelalters) zu leben haben. Es kommt mir dabei in keiner Form auf Vollständigkeit der Gesichtspunkte an, sondern ich möchte nur einige Perspektiven

herausgreifen, die für unsere Bemühungen besonders belangvoll und illustrativ sind.
Einer dieser Gesichtspunkte hat bereits seinen festen Platz in unserem Alltagsleben: Wir sind Zeugen des Raumfahrtzeitalters geworden. Auch wenn unsere bisherigen Ausflüge in den sogenannten »Weltraum« nur die ganz minimale Entfernung von 380 000 km erreichten, wissen wir doch (und wußten es schon vorher), daß die Erde nicht im Mittelpunkt des Weltalls liegt, sondern ein winziges Staubkorn innerhalb eines Sonnensystems ist, das seinerseit wieder zu einer von Milliarden von Milchstraßen gehört. Stand für den mittelalterlichen Menschen (und auch etwa noch für Martin Luther) die Erde im Zentrum des Weltalls, so müssen wir diesen Gedanken für immer preisgeben, weil ihm jede astronomische Berechtigung fehlt. Das Christentum hat — in Gestalt beider großen Kirchen — bis ins 17. und 18. Jahrhundert hinein mit Leidenschaft gegen diese Einsicht gekämpft. Noch im Jahre 1600 verbrannte man Giordano Bruno wegen einer wissenschaftlichen Erkenntnis, von der man meinte, daß sie sich mit dem Inhalt der Bibel in keinem Falle vertrage.
Wer würde heute noch auf den Gedanken kommen, einen Forscher wegen beweisbarer wissenschaftlicher Aussagen aufs kirchliche Schafott zu bringen? Die Zeiten, in denen die Kirchen den Anspruch erhoben, über Wahrheit und Gültigkeit wissenschaftlicher Forschungen und Erkenntnisse urteilen zu können, sind unwiederbringlich vorüber. Diese Feststellung weckt die berechtigte Rückfrage, ob die Kirchen überhaupt jemals im Recht waren, wenn sie Jahrhunderte hindurch derartige Ansprüche erhoben und sie vielfach auch mit sanfter oder brutaler Gewalt durchsetzten. Wir haben in diesem Punkt nicht nur umgelernt, sondern müssen uns entschieden vom früheren Verhalten des Christentums distanzieren. Die Kirchen waren sehr im Irrtum, solange sie meinten, sie müßten die Wissenschaft bevormunden und ihr vorschreiben, was sie vertreten dürfe und was nicht.
Diese selbstkritische Einsicht wirft natürlich die Frage auf, für welche Form oder Gestalt der Wahrheit die Kirche zuständig sei. In welchen Bereichen darf, ja muß die Kirche ihr eigenes, ganz und gar unverwechselbares Wort sagen — ein Wort, das uns keine moderne Wissenschaft zu sagen vermag (es sei denn, diese Wissenschaft würde sich selber zu einer Pseudo-Weltanschauung erniedrigen, womit sie dann gar keine Wissenschaft im strengen Sinne mehr wäre!)?
Gehen wir über zu einer anderen Perspektive. Der mittelalterliche Mensch lebte (je länger, um so mehr) weithin in einer ausgesprochenen Jenseits-Orientierung. Man betrachtete die Erde als ein »Jammertal«,

das man wohl oder übel durchwandern müsse, um (möglichst bald) ins »Jenseits« zu gelangen und dort die ungeschmälerten himmlischen Freuden zu genießen. Angesichts dieser Lebenshaltung war es nicht schwer, dem Irdischen wenig Aufmerksamkeit zu widmen und sich ganz auf das Himmlische einzustellen. Eine Änderung der sozialen Verhältnisse hielt man vielfach für nicht dringend und wichtig. Man konnte über schreiendes soziales Unrecht leicht hinwegsehen. Dazu kam die strenge kirchliche Gerichts- und Höllenpredigt, die durch Volksschauspiele und entsprechende künstlerische Darstellungen unterstützt wurde. Das Leben des mittelalterlichen Menschen war sozusagen umstellt von den Spießen und Schürhaken des Teufels und seiner Helfershelfer. Es ist eine offene Frage, ob nicht die Kirche lange Zeit hindurch die Menschen mehr mit Höllenpredigten einschüchterte, als mit der frohmachenden Botschaft des Evangeliums gelockt und gewonnen hat! Machen wir aus dieser längst vergangenen Zeit einen geistigen Sprung in unsere Gegenwart, so gibt es in dieser Gegenwart kaum eine verbreitetere Haltung als die der »Diesseitsseligkeit«, die man treffend mit dem alten Sprichwort umschreiben könnte, das sich schon im Buch des Propheten Jesaia (22,13) findet: »Lasset uns essen und trinken, denn morgen sind wir tot!«.

Man spricht nicht umsonst davon, daß wir im Zeitalter einer ausgesprochenen »Konsum-Kultur« leben. Wir konsumieren nicht nur Essen und Trinken und sonst zum Leben Notwendiges, sondern auch Vergnügungen und Hasch, ja sogar Menschen (Sex-Konsum!). Es besteht keinerlei Anlaß, von der christlichen Botschaft her den sozialen Fortschritt und die allgemeine Verbesserung der Lebensbedingungen zu beargwöhnen. Die Christenheit hat diesen Aufgaben gegenüber jahrhundertelang versagt und die Menschen billig auf das Jenseits vertröstet, ohne zu merken, daß schon die Propheten des Alten Testaments unablässig darauf hinwiesen, daß Glaube und Gottesdienst untrennbar mit mit der Wahrnehmung sozialer Verantwortung verbunden sind.

Im Augenblick scheint es, als werde in den hochentwickelten Industriestaaten der Diesseitsrausch langsam durch ein Gefühl des Lebensüberdrusses verdrängt. Junge Menschen aus sogenannten »besten« und reichsten Familien verlassen ihre Elternhäuser, weil sie der faden Konsumhaltung überdrüssig geworden sind. Sie begeben sich in eine Protesthaltung, die diese ganze Konsumwelt mit Verachtung und Ablehnung straft. Überall in den wohlhabenden Ländern nehmen Kriminalität, Rauschgiftsucht und Selbstmordfälle zu. Viele Menschen fragen sich, ob nicht das harte und entbehrungsreiche Leben unserer Vorfahren im letzten gesünder und erfüllter war als eine Existenz, die sich zwar viele Wünsche erfüllen kann, aber im Endeffekt ohne jegliche Sinngebung bleibt. Was ist der Sinn unseres Menschseins, wenn wir aus der Not zum Überfluß streben und im Überfluß keine Befriedigung, sondern nur Langeweile und Überdruß empfinden?

Ein weiterer Gesichtspunkt. Stand im Mittelalter die Krankheit noch weitgehend im Zeichen des antiken Dämonenglaubens, so hat die moderne Medizin diesen »Glauben« fast ganz entzaubert. Wir können es heute kaum noch nachempfinden, was es bedeutete, daß man bis weit ins 18. Jahrhundert hinein Geisteskranke quälte, auspeitschte und in den Stock spannte, weil man meinte, auf diese Weise die in ihnen wohnenden bösen Geister vertreiben zu können. Nachdem das Mikroskop erfunden war, ließen sich viele Krankheitserreger nachweisen und im Laufe der Zeit auch durch geeignete Mittel bekämpfen und ausschalten. Die moderne Hygiene hat in unseren geographischen Breiten alle epidemischen Krankheiten längst in den Griff bekommen (Pest, Cholera). Nur der Krebs hat sein Geheimnis noch nicht preisgegeben. Aber es dürfte keine 30 Jahre mehr dauern, bis man auch dieses dunkelste Rätsel der bisherigen Medizingeschichte gelöst haben wird.

Unsere mittlere Lebenserwartung ist gegenüber der des mittelalterlichen Menschen um etwa 40 Jahre gewachsen. Schon heute kann man innere Organe operativ ersetzen. Binnen kurzem wird es viele Menschen mit künstlichen Herzen, Lungen und Nieren geben. Die medizinische Futurologie stellt Überlegungen an, wie man das Leben des Menschen auf ein durchschnittliches Alter von 80, 100 oder noch mehr Jahren verlängern könne. Wir stehen vor Zukunftsperspektiven, die noch unsere Großelterngeneration in das Reich reiner Phantasie verwiesen hätte.

Zugleich werden Zweifel an all diesen grandiosen Plänen wach. Lohnt es sich, so wurde schon gefragt, einen Menschen biologisch 100 Jahre leben zu lassen, wenn er schon mit 50 Jahren nicht weiß, was der Sinn seines Lebens ist? Wenn er einsam irgendwo in einem Altersheim sitzt und sich mit Selbstmordgedanken trägt? Der Schwerpunkt der heutigen Medizin rückt immer mehr in den Bereich der Psychiatrie und Psychotherapie. Viele Menschen wähnen sich krank, ohne daß sich dafür irgendwelche organischen Anhaltspunkte finden lassen. Lebensangst und Sinnlosigkeitsgefühle nehmen überhand wie niemals zuvor — und zwar gerade in den Ländern, in denen die soziale Versorgung und Sicherheit am größten sind. Die medizinische Wissenschaft, so erklärte ein führender deutscher Psychiater vor einigen Jahren, vermag diese Erscheinung mit keinem Mittel zu bewältigen. Wer soll uns die Fragen beantworten, die sich aus dieser Tatsache ergeben?

Viele Ärzte sind längst der Überzeugung, daß sie es mit ihren medizinischen Mitteln nicht vermögen.
Nehmen wir einen verwandten Gesichtspunkt. Das Mittelalter war in Europa eine Epoche einer durch und durch religiös geformten und bestimmten Kultur. Die Kirche besorgte — außer der unmittelbaren Regierung — so gut wie alle öffentlichen Angelegenheiten. Sie trug und kontrollierte das gesamte geistige Leben und beaufsichtigte ihre Glieder bis in die Intimsphäre hinein. Die Unterlassung von Gottesdienstbesuch und Säuglingstaufe wurde mit Strafen geahndet oder gar polizeilich erzwungen. Man konnte nicht aus der Kirche austreten, ohne zugleich auch alle bürgerlichen Rechte zu verlieren. Man mußte — wohl oder übel! — »Christ« sein. Selbst die Reformation des 16. Jahrhunderts hat — trotz aller besseren Einsichten — an diesem Zustand im Grundsätzlichen nichts Entscheidendes geändert.
Erst die Aufklärungsphilosophie und dann das 19. Jahrhundert leiteten jenen Vorgang ein, den man heute allgemein mit »Säkularisierung« umschreibt. Ursprünglich wurde der Begriff für die »Verweltlichung« von ehemals »geistlichen« Besitzungen (Klöstern, kirchlichen Ländereien etc.) verwendet. Wenn man in der Gegenwart von »Säkularisierung« spricht, meint man damit meistens jenen sich langsam vollziehenden Vorgang während der letzten Jahrhunderte, der dazu führte, daß das Christentum seinen beherrschenden Einfluß auf Staat, öffentliches Leben und Kultur nach und nach verlor und schließlich »im eigenen Hause« einen bis dahin nicht gekannten Schwund an Interesse und Beteiligung feststellen mußte.
Diese »Säkularisierung« findet selbst unter Theologen eine extrem gegensätzliche Beurteilung. Während die einen (wie zum Beispiel Friedrich Gogarten) sie als eine legitime Folge des christlichen Glaubens verstehen (allerdings in einem genau umgrenzten Sinne!), wird sie von anderen (vor allem von konservativen Christen) als Fehlentwicklung und als großer Irrtum betrachtet und beklagt. Sollen wir es bedauern, so könnten wir fragen, daß der Pfarrer nicht mehr die Dorfpolitik macht, die Schulaufsicht führt, Hüter der öffentlichen Moral ist und seine »Schäfchen« so fest im Griff hat, daß sie wohl oder übel jede Woche den Gottesdienst besuchen und alle ihre sonstigen religiösen Pflichten peinlich genau erfüllen müssen?
Die Säkularisation hat das Band zwischen Kirchen und Öffentlichkeit weithin zerrissen. Daran ändert auch die Tatsache nichts, daß hierzulande das Christentum noch eine gewisse staatliche Achtung genießt und nirgends direkt bekämpft wird, daß es nach wie vor hohe Tauf-, Trauungs- und Beerdigungsziffern in den kirchlichen Statistiken gibt.

Wenn man schon (sicher nicht ganz zu Unrecht) behauptet hat, der Pfarrerstand sei heute diejenige Berufsgruppe, die am meisten unter Frustrationen leide, so spricht dieser Hinweis eine sehr beredte Sprache! Die Kirchen selber drohen unter den Spannungen zu zerbrechen, die sich zwangsläufig aus diesen Entwicklungen ergeben. Wäre es nicht besser, so hören wir von der einen Seite, die Gotteshäuser in Beatschuppen oder Vergnügungsbars »umzufunktionieren«, nachdem Gott doch längst »tot« ist? Wäre es nicht besser, man würde die Menschen lehren, nett miteinander zu sein, als daß man ihnen verstaubte Bibeltexte vorliest und dann eine traditionelle Predigt über sie hält, die vielleicht theologisch so »geschraubt« ist, daß sie nur wenige Gemeindeglieder wirklich verstehen können?
Von der anderen Seite her erklingt die ernste Mahnung: Sollen wir denn gerade jetzt, wo die Menschen das alte Bibelwort dringender brauchen denn je zuvor, die »Flucht nach vorne« antreten, statt um so ernsthafter und eifriger die Botschaft des Evangeliums neu zu ergreifen und ihre Bedeutung für unsere Welt zu erkennen?
Wer heute über die »christliche Botschaft in einer sich wandelnden Welt« Rechenschaft zu geben hat, darf nicht an der Tatsache vorbeigehen, daß auch das Bibelwort selber längst keine selbstverständliche Größe mehr ist, wie sie das früher (vielleicht!) einmal war. Ich komme damit auf die sogenannte »historisch-kritische« Bibelauslegung zu sprechen, wie sie gegenwärtig fast überall in der Welt praktiziert wird, ohne daß sie zugleich in allen Schichten der Christenheit auch Anklang oder gar volle Zustimmung findet.
Da der Protestantismus mit der Bibel in der Hand in die Geschichte eingetreten ist, mußte er von Wandlungen auf diesem Gebiet besonders hart betroffen werden. Kann man — so fragen unsere Gemeinden mit gutem Recht — noch mit Luther sprechen: »Das Wort sie sollen lassen stah'n . . .!«, wenn man sich zugleich der kritischen Erforschung der biblischen Schriften, ihrer Entstehung und ihres Inhaltes verschreibt? Glauben die Pfarrer auch das, was sie von der Kanzel predigen? — so lautet eine begreifliche Frage interessierter und aktiver Gemeindeglieder. Dürfen wir diese Frage einfach mit einer verdächtig »souveränen« Handbewegung abtun, oder müssen wir uns ihr stellen und eine klare und lautere Antwort auf sie geben? Eine Antwort freilich, die nicht in jedem Falle die Meinung der Gemeindeglieder bestätigen muß, da sich — nach evangelischem Verständnis! — auch Gemeindeglieder beharrlich irren können. Die kirchlichen Verhältnisse haben sich gegenüber früher vor allem darin geändert, daß der Pfarrer längst nicht mehr der einzige Gebildete und »Informierte« seiner Gemeinde ist.

Auch Nicht-Theologen beschäftigen sich mit theologischen Fragen und suchen nach überzeugenden Informationen. Der Pfarrer muß sich mehr denn je dem Gespräch und der Auseinandersetzung stellen. Wenn nicht alles täuscht, sind die Zeiten des kirchlichen Einmann-Systems abgelaufen und unwiederbringlich vergangen. Sollen wir das bedauern — oder ist es ein großer Gewinn? Freilich darf man sich beim Aussprechen solcher Parolen und Erwartungen keinen Illusionen hingeben. Nach dem Ende des Einmann-Systems wird es in der Kirche wesentlich schwieriger werden, *mit*einander zu reden, gegenseitig aufeinander zu hören, Toleranz und Verständigungsbereitschaft zu üben. Sind wir dazu bereit, so können auch sehr schwierige Sachfragen (wie zum Beispiel die kritische Bibelforschung) in einer guten und ersprießlichen Atmosphäre artikuliert und ausgetragen werden. Keine Kirchengemeinde sollte es heute mehr unterlassen, in diese Richtung gehende Angebote zu machen und grundsätzlich jeden Gesprächswilligen in seinen Fragen und Zweifeln ernst zu nehmen.
Wenn wir hier von einer »sich wandelnden Welt« sprechen, so denken viele unter uns — begreiflicherweise — in erster Linie an den sogenannten »Wandel im modernen naturwissenschaftlichen Weltbild«. Daß ich gerade diesen Wandel relativ spät erwähne, hat seine besonderen Gründe. Denn nirgends sind die Spannungen, denen sich die christliche Botschaft *heute* gegenübersieht, so wenig problematisch und bedrückend, wie gerade auf diesem Sektor. Eine solche Feststellung mag die ältere und älteste Generation überraschen, die noch Erinnerunrungen an die Zeit hat, in der gerade dieser Gegensatz besonders lebhaft und leidenschaftlich ausgetragen wurde.
Im späten 19. und frühen 20. Jahrhundert gab es (nicht zuletzt auch in Deutschland) eine sogenannte »Naturwissenschaft«, die in heftigster Form den christlichen Glauben bekämpfte und als überholtes Ammenmärchen diskreditierte. Ich erinnere nur an den Zoologen und Philosophen Ernst Häckel (1834—1919), der in seiner in zahlreichen Auflagen verbreiteten Schrift »Die Welträtsel« (zuerst 1899) die Meinung vertrat, in wenigen Jahrzehnten werde die Naturwissenschaft alle »Welträtsel« entziffert und die Religion für immer unmöglich gemacht haben. Betrachten wir eine solche Voraussage vom heutigen Stand der Naturwissenschaften aus, so können wir sie nur als lächerlich oder dilettantisch bezeichnen.
Wir wissen zu gut, daß die materialistische Naturwissenschaft des 19. Jahrhunderts, die sich als eine gegen das Christentum gerichtete Weltanschauung verstand, auf pseudo-religiösen Voraussetzungen beruhte, die heute längst als hinfällig und irreal gelten.

Ihre Prämissen lauteten: 1. Welt und Materie sind ewig. Es gibt keine Schöpfung, keinen Welt-Anfang; 2. alles Geistige ist im Grunde *nur* eine Erscheinung der Materie; 3. es kann keinen Gott, keine »Seele« und kein ewiges Leben geben; 4. alle Religionen (und mit ihnen das Christentum) sind nichts als Lug und (Priester-) Betrug und werden mit zunehmender »wissenschaftlicher« Erkenntnis vom Erdboden verschwinden.

In keinem exponierten Berufsstand gibt es heute soviele überzeugte Christen wie unter Naturwissenschaftlern (Physikern, Atomforschern etc). Nirgends ist man mit weltanschaulichen Urteilen vorsichtiger als bei ihnen. Sie haben aus Erfahrung gelernt, daß jede neue Erkenntnis, die wir gewinnen, tausend neue Fragen aufwirft, die wir nicht beantworten können.

Sie waren und sind es, die uns darauf hinweisen, daß alle menschliche Erkenntnis (auch die religiöse!) immer nur »perspektivisch« sein kann, das heißt: daß wir die Welt immer nur mit *unseren* Augen zu sehen und wahrzunehmen vermögen, die eben keine »absoluten«, sondern nur menschliche und damit in jedem Falle fehler-hafte Augen sind.

Nicht zuletzt erwuchs aus dieser Einsicht die noch wichtigere, daß es einen grundlegenden und durch nichts zu überbrückenden Unterschied zwischen naturwissenschaftlicher und theologisch-religiöser »Wahrheit« gibt, und daß es unsachlich und auch letztlich unmöglich ist, beide Größen miteinander zu vermischen oder gar gegeneinander auszuspielen[1].

Es war der geniale Tübinger evangelische Theologe Karl Heim (1884—1958), der als erster kirchlicherseits diese Erkenntnis aufgriff und ernst nahm und sie speziell im Blick auf die religiöse Wahrheitsfrage fruchtbar machte, indem er den grundlegenden Unterschied zwischen »Sach-Urteil« und »Vertrauens-Urteil«[2] aufzeigte, einen Unterschied, der es modernen Wissenschaftlern überzeugend möglich machte, dem christlichen Glauben gegenüber eine sehr offene oder gar positiv-engagierte Stellung einzunehmen[3]. Man braucht hier nur Namen wie Max Planck

[1] vgl. dazu: H.-H. Schrey, Weltbild und Glaube im 20. Jahrhundert, 1955 u. ö., bes. S. 62 ff. (= Kleine Vandenhoeck-Reihe 17)

[2] siehe dazu die Ausführungen in unserem Buch »Ursprung und Aufbruch« (S. 162 ff.)

[3] zu dieser Gruppe würde ich grundsätzlich solche »Wissenschaftler« (im besonderen »Natur-Wissenschaftler«) *nicht* rechnen, die etwa den Versuch machen, die Auferstehung Jesu »physikalisch zu beweisen«. *Das* ist Pseudo-Naturwissenschaft *und* Pseudo-Glaube zugleich!

(1858—1947)[4], Pascual Jordan[5] und C. Fr. von Weizsäcker[6] zu nennen. Alles Namen, die einen epochalen Wandel im Verhältnis zwischen moderner Naturwissenschaft und christlichem Glauben markieren, den Beginn und die Fortführung eines freien, ideologisch nicht mehr grundsätzlich blockierten Gespräches, das immer mehr aus dem rein theoretischen Bereich hinauswächst in den weiten Raum ethischer Verantwortung hinein, in dem sich sowohl moderne Wissenschaft wie auch christlicher Glaube in der gemeinsamen Sorge um die Zukunft des Menschen und der Welt als vorurteilsfreie Partner begegnen.
Nachdem Naturwissenschaft und Religion sich in den letzten Jahrhunderten von ideologischen Standpunkten aus auf das heftigste bekämpft und auseinandergelebt haben, werden sie in Zukunft mehr und mehr aus der unerläßlichen Sorge um den Menschen und seine Welt heraus zusammenarbeiten müssen[7]. Wenn diese Entwicklung erst einmal entsprechend weit gediehen ist, wird sich unabwendbar auch das Verhältnis von Weltanschauung und Politik zur Religion grundlegend ändern! Während heute noch Theologen und Pseudo-Theologen um das »Goldene Kalb« einer angeblich »religions-losen« Welt tanzen und den bösen Geistern des »Säkularismus« überschwenglich und unkritisch huldigen, bricht sich bei Einsichtigen bereits die zwingende Erkenntnis Bahn: »Wir stehen am Anfang einer der religiösesten Epochen« [sc. der Menschheitsgeschichte][8].

4 über sein sehr differenziertes Verhältnis zu Religion, Christentum und Kirche vgl. den Aufsatz von E. Dinkler: »Max Planck und die Religion« (in: Zeitschrift für Theologie und Kirche 56, 1959, S. 201—223)

5 vgl. von ihm: Der Naturwissenschaftler vor der religiösen Frage. Abbruch einer Mauer, 1963 u. ö.

6 vgl. von ihm: Die Geschichte der Natur, 1948 u. ö. (= Kleine Vandenhoeck-Reihe 1/1a)

7 Die Probleme der immer bedrohlicher werdenden Umweltverschmutzung und -zerstörung, der Bevölkerungs-Explosion und der ständig zunehmenden Steigerungsrate seelischer Erkrankungen kann man als *konkrete* Aufgaben und Notwendigkeiten grundsätzlich nur *konkret* und in einer weltweiten Zusammenarbeit lösen, d. h. aber: unter *allseitig bewußt vollzogenem Verzicht* auf (wirklichkeits-ferne) *Ideologien!* Diese Feststellung gilt — mehr als für alle anderen Fragen und Bereiche — besonders im Blick auf das heutige (und morgige!) »Welt-Problem Nr. 1«: die Friedens-Sicherung. Vgl. dazu: C. Fr. von Weizsäcker, Die Verantwortung der Wissenschaft im Atomzeitalter, 1957 u. ö. (= Kleine Vandenhoeck-Reihe 42)

8 so der Züricher Medizinpsychologe und Psychiater Prof. Dr. med. Balthasar Staehelin, der in den letzten Jahren durch zwei beachtenswerte Bücher (»Haben und Sein« und »Die Welt als Du«) bekannt wurde, in einem Aufsatz: »Auf der Suche nach einem neuen Menschenbild« (in: Wege zum Menschen 24, 1972, S. 138)

3. Von der mittelalterlich-kirchlichen Einheitskultur zum modernen weltanschaulichen Pluralismus

Kaum eine Tatsache bestimmt unser heutiges europäisches Geistesleben mehr und tangiert gerade die Kirchen stärker als der Umstand, daß die mittelalterlich-kirchliche Einheitskultur des ehemaligen »christlichen Abendlandes« im Laufe einer jahrhundertelangen und vielschichtigen Entwicklung durch einen ebenso vielschichtigen »weltanschaulichen Pluralismus« verdrängt und abgelöst worden ist. Diese Umschichtung betrifft heute die Kirchlich-Konservativen ebenso stark wie die Fortschrittlich-Revolutionären. Und selbst der erklärte Atheist ist durch zwei sehr starke Ketten an diesen Umschichtungsprozeß gebunden: Zum einen wendet er sich mit seinem »Programm«, mit seiner »Weltanschauung« entschieden gegen die kirchliche Einheitskultur, zum anderen kämpft er als Atheist gegen eine der tragenden Säulen dieser Kultur, nämlich gegen den Gottesglauben, den er — selbst noch dadurch, daß er ihn stürmisch ablehnt — eben damit als eine gegebene Größe voraussetzen muß. Die vergangenen 10 Jahre haben in unserem allgemeinen Geistesleben einen Traditionsbruch heraufbeschworen, wie er sich sonst nur an wenigen Nahtstellen der geschichtlichen Entwicklung vollzogen hat. Die früher einmal — gerade für den Deutschen! — so hoch und heilig gehaltene Tradition ist in einen Strudel geraten, der sie unwiederbringlich fortzureißen scheint.

In solchen Umbruchzeiten geschieht es allzuleicht, daß man die Geschichte vergewaltigt, indem man so tut, als besitze man einen absoluten Maßstab, mit dessen Hilfe es möglich wäre, alle geschichtlichen Epochen der Vergangenheit von einem vermeintlich festen Punkt in der Gegenwart aus zu beurteilen. Leider übersieht diese Meinung folgenschwere Tatbestände. Einmal denkt sie radikal ungeschichtlich, da das Wesen geschichtlichen Erkennens primär darin besteht, historische Ereignisse der Vergangenheit aus ihrem eigenen Kontext und ihrer eigenen Dynamik zu begreifen, zum andern vergißt oder übersieht sie das entscheidende Faktum ihrer eigenen Haltung, die darin zum Ausdruck kommt, daß sie absolut urteilen will, obwohl sie das auch nur von einem relativen Standort aus tun kann — eben vom heutigen Standpunkt aus, der morgen und übermorgen seinerseits wieder relativiert werden wird. Wenn wir der Linie unserer Kapitelüberschrift nachspüren wollen, so ist es unbedingt erforderlich, daß wir uns zuvor von diesem ungeschichtlichen Absolutismus des Meinens und Urteilens

befreien und uns zu einer sachlichen Erkundung der Vergangenheit bereitfinden. Erst wenn dieser Schritt mit einem hohen Maß an Objektivität vollzogen ist, darf sich der zweite anschließen, der darauf abzielt, das Vergangene kritisch zu würdigen und sich überall dort, wo uns das notwendig und unumgänglich erscheint, von ihm zu distanzieren, beziehungsweise es durch Neues und Besseres zu überwinden.
Wir wollen daher im folgenden drei Gedankenkreise miteinander durchschreiten, um im Sinne unserer Problemstellung eine Antwort auf die Frage zu finden, wie es in einer jahrhundetelangen Entwicklung dazu kam, daß die kirchliche Einheitskultur des Mittelalters dem modernen weltanschaulichen Pluralismus weichen mußte.
Der 1. Gedankenkreis soll dem Problem gewidmet sein, wie die kirchliche Einheitskultur des Mittelalters ihrerseits zustande kam, wodurch sie sich ausbreiten und durchsetzen konnte.
Der 2. Gedankenkreis wird die Frage aufwerfen, welche Gründe allgemein und im einzelnen dazu führten, daß der moderne weltanschauliche Pluralismus entstehen und zu einer Größe werden konnte, die unser gesamtes heutiges Geistesleben prägt. Zum Abschluß wollen wir fragen, wie die gegenwärtige Entwicklung (in großen Zügen) weitergehen wird, und was diese Perspektiven für unser Wahrheitsverständnis bedeuten.

a) Die kirchliche Einheitskultur des Mittelalters

Die Aufklärer des 18. Jahrhunderts haben das Mittelalter gerne eine »finstere Epoche« genannt, einen Abschnitt der Geschichte, in dem die Menschen von der Kirche beherrscht, unterdrückt, religiös und weltanschaulich kontrolliert und an der freien Entfaltung ihrer Persönlichkeit gehindert wurden. Wenn man bedenkt, daß es gerade dieses 18. Jahrhundert war, das uns die großen Programme der modernen Rechtsstaatlichkeit und Demokratie gebracht hat (ich brauche nur an die Amerikanische Unabhängigkeitserklärung von 1776 zu erinnern!), kann man sich eine Vorstellung davon machen, wie stark unser Demokratie- und Rechtsbegriff bis heute durch eine große anti-mittelalterliche Hypothek belastet ist. Natürlich fällt es nicht schwer, mit ein paar Stichworten eine ganze Welt heraufzubeschwören, an die wir nur mit Abscheu denken können: Brennende Scheiterhaufen der Inquisition, die Hinrichtung des Arztes Michel Servet durch den Reformator Calvin, die Abschlachtung zahlloser Germanen im Zuge ihrer sogenannten »Missionierung«, das Sterben von Hunderttausenden während der Kreuzzüge und so weiter. Bei einigem Geschick ließe sich dieses Mittelalter in ein einziges Grusel-Kabinett verwandeln. So wahr und unbestreitbar alle Einzelheiten, die man hier anzuführen vermag, auch sind, es läßt sich ihnen gegenüber doch die Frage nicht unterdrücken: Handelt es sich bei einer solch *einseitigen* Darstellung nicht um eine arge Karikatur[1]? Hat uns das Mittelalter nicht auch ganz andere Dinge geschenkt und überliefert? Wo stünde unsere Kultur ohne die mittelalterlichen Klöster mit ihrer (für damalige Verhältnisse) hochentwickelten Landwirtschaft, mit ihren Schulen, aus denen sich die Universitäten entwickelten, mit ihrer sorgfältigen Überlieferung der Bibel und der Schriften der klassischen Antike? Hat nicht dieses Mittelalter die schönsten Münster und Dome geschaffen und mit und in ihnen viele andere Kunstwerke von unvergänglichem Wert? Hat es nicht einen Dante, einen Michelangelo, einen Matthias Grünewald und Albrecht Dürer hervorgebracht? Ist es nicht in manchen Hinsichten auch ein »sehr helles« Mittelalter gewesen?

Unabhängig davon, wie man diese Fragen beantwortet und zu welchem Endresultat man dabei kommt: Das Mittelalter war in jedem Falle geprägt von einer Kultur und Weltanschauung, die rundum den Stempel der Christlichkeit und Kirchlichkeit trugen. Alle Bildung hatte ein eindeutig religiöses Fundament. Nahezu alle Kunst war auf die Kirche und ihr Leben bezogen. Die Kirche besaß ein nicht zu erschütterndes weltanschauliches Monopol, das sie notfalls gegen Andersdenkende auch mit sanfter oder brutaler Gewalt durchsetzte. Niemand konnte (ohne Schaden fürchten zu müssen) es sich leisten, öffentlich gegen dieses Monopol aufzutreten und es in Frage zu stellen oder gar rundweg zu bestreiten.

Wie war die Kirche zu diesem Monopol gekommen? Hatte sie es sich arglistig erschlichen, es unrechtmäßig an sich gerissen, oder war es ihr zugefallen?

Als die Germanen seit dem 4. und 5. Jahrhundert innerhalb des römischen Reiches mit dem Christentum in Berührung kamen, galt in diesem Reich bereits das Christentum als geduldete, geförderte oder gar einzig zugelassene Religion. Die Berührung der Germanen mit der römischen Welt bedeutete für sie in vielen Fällen auch automatisch die Berührung mit dem Christentum. Und dies nicht etwa nur aus

[1] Joachim Kahl hat in seinem Taschenbuch »Das Elend des Christentums oder Plädoyer für eine Humanität ohne Gott« (Hamburg 1968) ein Schwarz-in-Schwarz-Bild der Kirchengeschichte geliefert, das nicht-informierte Leser durch die Wucht und Massivität seiner Argumente besticht. Dies freilich um den makabren Preis, daß praktisch alle karitativen und kulturellen Höchstleistungen des Christentums unterschlagen werden.

äußeren Gründen. Denn gegen Ende des 4. Jahrhunderts war die Kirche im römischen Reich bereits die stärkste Bildungsmacht, ohne die man sich ein wohlfunktionierendes staatliches Leben gar nicht mehr denken konnte. So wuchs die Kirche auch in den neuentsandenen Reichen der Germanen von selbst in diese Aufgabe hinein. Sie hat sie nicht suchen oder gar gewaltsam an sich reißen müssen, weil sie ihr einfach von selber zufiel. Die ehemaligen heidnischen Religionen waren und blieben verboten und schieden damit als kulturelle Faktoren aus. Sie vermochten sich zwar durch die Jahrhunderte hindurch mit nicht wenigen ihrer religiösen Anschauungen, Vorstellungen und Riten zu halten, konnten aber keine öffentlichen Träger des geistigen Lebens mehr sein. Diese Trägerschaft mußte die Kirche übernehmen. Sie war und blieb die erste große Bildungsinstitution des Abendlandes. Es dauerte bis ins 18. und 19. Jahrhundert hinein, ehe der Staat diese Funktionen nach und nach selber übernahm.

Die Unterdrückung der heidnischen Religionen durch den Staat machte es der Kirche relativ leicht, sich ohne besondere Widerstände überall auszubreiten und mit ihrer Weltanschauung durchzusetzen. Nachdem sie ihren Einfluß etabliert hatte, ließ ihn sich die Kirche auch nirgends mehr bestreiten. Neben den wenigen Juden, die man zunehmend in Ghettos zusammendrängte, gab es im heiligen römischen Reich deutscher Nation keine andere Religion als das Christentum, das alle Bereiche des privaten, öffentlich-kulturellen und staatlichen Lebens durchdrang oder zumindest beeinflußte oder beaufsichtigte. Die Kirche nahm nicht nur Einfluß auf den religiösen Sektor und auf die Bildung, sondern griff oft auch aktiv in die Politik ein. Jahrhunderte hindurch saßen deutsche Erzbischöfe als Kurfürsten an den entscheidenden Schaltstationen der weltlichen Macht. Von diesen Schaltstationen aus konnten sie die Kirche nicht nur direkt und indirekt fördern, sondern auch alle äußere Bedrohung von ihr fernhalten. Die christlichen Heere zogen nicht nur deswegen gegen die Türken, weil man sich vor deren Brandschatzung fürchtete, sondern weil man nichts mehr fürchtete als die Überfremdung durch eine Religion, zu deren erklärten Zielen es gehörte, sich durch »Feuer und Schwert« auszubreiten.

Der vom Staat der Kirche gewährte »Schutz nach außen« sicherte ihr einen unangefochtenen Bereich nach innen hin, wo sie sich als geistige und religiöse Macht ungestört entfalten konnte. Da es keinen religiös andersgläubigen Gesprächspartner gab, mit dem man sich hätte auseinandersetzen müssen, entstanden Spannungen und Gegensätze immer nur innerhalb des eigenen Lagers. Dabei konnte man sich in den meisten Streitfällen schließlich doch auf einen »gemeinsamen christlichen Nenner« einigen, so daß es nicht nötig war, heikle Probleme bis zum letzten auszutragen. Wo es einzelne dennoch wagten, sich zur amtlichen Meinung der Kirche völlig gegensätzlich zu verhalten, schied man sie aus Kirche und Gesellschaft aus. Wer von der Kirche in aller Form exkommuniziert wurde, war damit auch als Staatsbürger geächtet und der allgemeinen Verfolgung preisgegeben. Religiöse und bürgerliche Existenz bildeten noch eine völlige Einheit. Innerhalb dieser Einheit war jede Form von Nonkonformismus undenkbar. Das Leben des einzelnen, der Familie und der Gesellschaft wurde bis ins letzte hinein von der Kirche bestimmt und reguliert: Wo ein Kind geboren wurde, hatte man es innerhalb weniger Tage zur Taufe zu bringen. Geschah dies nicht, so kam ein Hüter der öffentlichen Ordnung und führte es zwangsweise der christlichen Taufe zu. Solche Vorfälle hat es bis ins 19. Jahrhundert hinein in Deutschland gegeben.

Wo Kinder damals schon — etwa in den städtischen Bürger- und Lateinschulen — regelrecht unterrichtet wurden, geschah dies fast ausschließlich durch angehende oder auf den Lehrerberuf spezialisierte Geistliche. Der Lesestoff dieser Schulen bestand entweder aus kirchlichen Schriften oder war unmittelbar der Bibel entnommen. Wo man antik-heidnische Schriftsteller las, benutzte man sie weniger um der von ihnen vertretenen Weltanschauung, als um ihrer schönen und hochstehenden Sprache willen.

Selbstkritisches Denken war in einer solchen Atmosphäre nahezu unmöglich. Denn es setzt ja in jedem Falle eine gewisse Möglichkeit des Vergleichens voraus, eine Größe, zu der man sich nicht nur positiv, sondern auch kritisch in Beziehung setzen kann. Diese Größe gab es aber für die mittelalterliche Kirche faktisch nicht. Zwar besaß man die Bibel und die kirchliche Tradition. Aber man war der felsenfesten Überzeugung, ganz in deren Sinne zu denken und zu handeln. Man fand das, was man gerade meinte und tat, unbezweifelbar in eben dieser Form in der Bibel enthalten beziehungsweise begründet. Es fehlte noch jegliches Bewußtsein von der Problematik geschichtlichen Lebens mit all seinen Schwierigkeiten, Verfremdungen, Entgleisungen usw., die so weit gehen können, daß man sich auf einen bestimmten geistigen Zeugen bzw. auf eine Tradition beruft und dennoch ganz entgegen deren Absicht und Sinn handelt. Schließlich fehlte — auf breiter Ebene — bis mindestens ins 13. Jahrhundert hinein, als die Städte und mit ihnen eine neue Gestalt der Kultur entstanden, das, was wir heute »Individualismus« nennen würden. Weltliches und religiöses Gemeinschaftsbewußtsein waren so stark, daß der einzelne sich kaum ihrem Einfluß entziehen konnte und in allen Bereichen von ihnen geprägt wurde. Im religiösen Leben waren es zuerst die Mystiker des 12., 13. und 14. Jahrhunderts, die dem kirchlichen Alltagsideal ein mehr von persönlich-individueller Frömmigkeit bestimmtes Bild vom Christentum gegenüberstellten und es selber zu verwirklichen versuchten.

Reformbewegungen, wie sie etwa in bedeutender Form vom Kloster Cluny oder von den oberdeutschen Gottesfreunden ausgingen, blieben alles in allem in Bahnen, die von der Kirche noch irgendwie toleriert wurden. Sie lieferten zwar Anlässe und Ansätze zur innerkirchlichen Selbstkritik. Aber diese Kritik vollzog sich sozusagen immer noch unter dem einheitlichen Dach der Kirche, das nur ausgesprochene Ketzer wie etwa die Albingenser und Katharer verließen, um sich in unwegsamen Gebieten Mittel- und Südfrankreichs ständigen kirchlich-staatlichen Verfolgungen ausgesetzt zu sehen. Wo es führende Vertreter der Theologie, wie etwa der große Mystiker Meister Eckehardt, wagten, dem kirchlichen Dogma eine andere als die bis dahin übliche Auslegung und Deutung zu geben, zwang man sie zum Widerruf beziehungsweise ächtete sie, so daß ihre Schriften nicht mehr gelesen werden durften. Es bedarf keiner großen Einsicht, um zu verstehen, daß der in jenen Jahrhunderten entstandene und selbst heute noch nicht endgültig überwundene Wahrheitsbegriff ein ganz spezifischer sein mußte. Die Kirche, so könnten wir ihn umschreiben, hat ein fast absolutes Monopol auf das allgemeine Geistesleben. Im religiösen Bereich ist sie völlig unbestritten die einzige Autorität. Sie legt die Bibel fehlerlos aus und deutet die Tradition so, wie sie nun einmal zu verstehen ist.

Die Kirche, so könnten wir weiter (vereinfachend) sagen, »besitzt« innerhalb dieses Weltbildes die Wahrheit. Und weil sie sie besitzt, kann sie sie auch als eine Vorgegebenheit verwalten und für ihre Durchsetzung sorgen. Wahrheit »gibt« es nur *in* der Kirche, *bei* der Kirche und *vermittels* der Kirche. Wer außerhalb der Kirche steht, steht damit auch automatisch außerhalb des Bereiches der Wahrheit.

Wenn wir uns den Inhalt dieser letzten Sätze vergegenwärtigen, der teilweise auch noch im Blick auf manche evangelische Gebiete während des 16. und 17. Jahrhunderts zutrifft (in denen sich die kirchliche Einheitskultur des Mittelalters — mit einer leichten »Brechung« durch den Protestantismus — bisweilen erstaunlich stark fortsetzte!), wird uns schnell deutlich, in welch ungeheurem Ausmaß sich seitdem unser Weltbild geändert hat. Damit kommen wir zum nächsten Gedankenkreis innerhalb unserer Gesamtüberlegungen:

b) Die Entwicklung des modernen weltanschaulichen Pluralismus

Auf welche Faktoren ist die Ablösung der mittelalterlichen Einheitskultur durch den modernen weltanschaulichen Pluralismus zurückzuführen? Wie hat es geschehen können, daß sich die kirchliche Einheitskultur auflöste und einem Pluralismus der Weltanschauungen und Religionen Platz machen mußte, innerhalb dessen die christlichen Kirchen (bei uns hierzulande) zwar noch einen bedeutenden Einfluß besitzen, aber dennoch zu weltanschaulichen Größen neben vielen anderen wurden?

Wenn wir diese Frage stellen, dürfen wir nicht übersehen, daß die Kirchen gewisse Reste ihrer früheren Position in die Neuzeit und Gegenwart gerettet haben. Nach wie vor kann es bei uns geschehen, daß junge Eltern, die gänzlich unkirchlich sind, ihr neugeborenes Kind nicht taufen lassen, etwa von der Dorfgemeinschaft dafür scheel angesehen werden. Daß junge Paare, die sich nicht kirchlich trauen lassen, auch in evangelischen Gebieten als »eigentlich *nicht richtig* verheiratet« gelten (obwohl die staatliche Gesetzgebung seit rund 100 Jahren die Eheschließung allein an den standesamtlichen Akt bindet). Daß man von staatlicher Seite Sportveranstaltungen am Sonntagvormittag zur Gottesdienstzeit nicht gerne sieht oder gar untersagt. Daß es Gruppen von Mohammedanern oder (neuerdings auch) Buddhisten bisweilen immer noch recht schwer haben, irgendwo Land für eine Moschee oder einen Tempel zu finden und die nötige Baugenehmigung zu erhalten. Dies alles geschieht nach wie vor, obwohl unsere Gesetzgebung in den sogenannten Grund- oder Menschenrechten jedermann die ungehinderte Ausübung seines Glaubens und seiner Weltanschauung zusichert[2]. Die christlichen Kirchen werden es lernen müssen, im Laufe der Zeit auch noch ihre letzten (aus dem Mittelalter stammenden Privilegien) aufzugeben.

Heute spricht man in allen Lagern offen von einer endgültigen Trennung von Staat und Kirche, durch die die letzten Bande zerschnitten würden, die sich in fast anderthalb Jahrtausenden zwischen beiden Größen gebildet haben. Wir vermögen nicht zu sagen, ob es in 20 oder 30 Jahren noch den staatlichen Einzug der Kirchensteuern oder den kirchlichen Religionsunterricht an öffentlichen Schulen geben wird — um nur zwei Beispiele zu nennen. Wo die Kirchen nach wie vor den

[2] vgl. Bonner Grundgesetz, Art. 4: »Glaubens- und Gewissensfreiheit«: »(1) Die Freiheit des Glaubens, des Gewissens und die Freiheit des religiösen und weltanschaulichen Bekenntnisses sind unverletzlich«.

Versuch machen, sich als Staats- oder Landes-»Religion« zu verstehen (ich brauche hier nur wieder an Spanien zu erinnern!), empfinden wir das als mittelalterlich und überholt und lehnen eine solche Praxis als totalitär und als mit den Menschenrechten unvereinbar ab. Im Namen der Demokratie protestieren wir gegen die Überbleibsel der kirchlichen Einheitskultur früherer Jahrhunderte!

Das aber bedeutet: Wir haben in dem, was wir unter »Demokratie« verstehen, ein Korrektiv gegen die kirchliche Einheitskultur und ihre Forderungen. Obwohl sich die Präambel des Bonner Grundgesetzes zu den Werten des Christentums bekennt, legt das Gesetz selber den Staatsbürger doch nicht auf den christlichen Glauben fest, sondern garantiert ihm uneingeschränkte Religionsfreiheit, deren Betätigung nur dort zu Spannungen führen kann, wo sie in Konflikt mit den Gesetzen gerät. Staatlich-öffentlicher und religiöser Bereich lassen sich zwar auch in demokratischen Staaten nicht radikal trennen, aber sie können doch im allgemeinen relativ auseinander gehalten werden. Die Kirchen haben weitgehend darauf verzichtet, in das öffentliche Leben hineinzuregieren, während der Staat sich verpflichtet, den Kirchen die innere Regelung ihrer Angelegenheiten selber zu überlassen.

Kein Pfarrer würde heute vermutlich mehr auf den Gedanken kommen, junge Ehepaare, die aus bewußter Ablehnung des Christentums oder auch nur aus Gleichgültigkeit heraus auf die kirchliche Trauung verzichten, deswegen aus ihrer Wohnung holen und durch einen Polizisten zur Vornahme einer religiösen Handlung in die Kirche bringen zu lassen. Jedermann würde sich heute über ein solches Vorgehen empören. Obwohl unser demokratisches Bewußtsein erst wenige Jahrzehnte alt ist, hat es uns doch schon das eine gelehrt, daß man religiöse Handlungen nicht erzwingen kann und darf, weil sie einer persönlicher Überzeugung entspringen sollen und überhaupt nur auf Grund solcher Überzeugungen sinnvoll sind.

Nach und neben dem Faktor der Demokratie taucht damit in unserer Betrachtung eine andere Größe auf, die wahrscheinlich von viel größerer Bedeutung ist: Wir verstehen Religion und religiöse Überzeugung heute ganz anders, als dies im Mittelalter geschah. Wir wissen, daß Glaubensüberzeugungen letztlich nicht erzwungen und mit Gewalt durchgesetzt werden dürfen, weil für uns (und dies mit Recht!) Glaube und Zwang unvereinbare Größen geworden sind. Da der Glaube eine freie Entscheidung der Person sein muß, um überhaupt Glaube sein zu können, darf niemand gegen seinen Willen und ohne seine Überzeugung eine religiöse Forderung auferlegt werden. *Nur der freie Glaube ist wirklicher Glaube!*

Die Freiheit des Glaubens muß sich unter anderem darin ausdrücken, daß Menschen sich frei über die Formen vereinbaren können, in denen sie diesen Glauben leben wollen. Innerhalb der kirchlichen Einheitskultur des Mittelalters war das nur sehr begrenzt (und immer nur innerhalb der von der Kirche gesteckten Grenzen) möglich. Als die europäischen Auswanderer im 17. und 18. Jahrhundert nach Neuengland zogen, um sich jenseits des Ozeans niederzulassen, war es ihr erstes Bestreben, jedermann die absolut freie Ausübung seiner Religion zu gestatten. Staat und Kirche wurden in den USA sehr bald mehr oder minder radikal getrennt. Keine Kirche konnte und durfte jemals einen (durchsetzbaren) Absolutheitsanspruch erheben. Alle Religionsgemeinschaften — ob sie nun bis zur Urkirche, bis zur Reformationszeit oder nur bis ins 17. Jahrhundert zurückreichten — standen völlig gleichberechtigt nebeneinander. Der Pluralismus war in Amerika (im Gegensatz zu uns) sozusagen der Anfangspunkt der Geschichte, nicht ihr Endpunkt! Neben diesen (mehr äußeren) Gründen für das Aufkommen des neuzeitlichen Pluralismus wären noch eine Reihe von »inneren« Gründen zu nennen, von denen ich den einen oder anderen anführen will. Die mittelalterliche Einheitskultur ist (spätestens seit der Renaissance und dem Humanismus einerseits und der Reformation des 16. Jahrhunderts andererseits) als geschichtliche Epoche ihrem sicheren Ende entgegengegangen. Indem die Renaissance über anderhalb Jahrtausende hinweg das Leitbild des Menschen der klassischen Antike zum Ideal erhob und die griechisch-römische Klassik zu ihrem Vorbild machte, war dem christlichen Welt- und Menschenbild ein Konkurrent von großer Anziehungskraft entstanden — ein Konkurrent, dessen tiefste Wurzeln nicht im biblischen Denken, sondern in der vorchristlich-heidnischen Antike lagen. Dieses Welt- und Menschenbild war — trotz aller »tragischen« Züge — im wesentlichen diesseitsbezogen und fortschrittsgläubig. Es betonte weniger die abgrundtiefe menschliche Sündhaftigkeit, als die Fähigkeit des Menschen, in Staat, Kunst und Wissenschaft Großes hervorzubringen und auf sich selber stolz zu sein.

Die Reformatoren des 16. Jahrhunderts (allen voran Martin Luther) haben dem Humanismus zwar dieses Welt- und Menschenbild grundsätzlich nicht abgenommen (man denke an Luthers Auseinandersetzung mit Erasmus von Rotterdam!). Aber sie griffen auf eine Forderung zurück, die in Humanistenkreisen entstanden war: »Ad fontes!« — »Zurück zu den Quellen!«. Für die Reformatoren hieß dies nicht: »Zurück zu den großen Kulturleistungen der vorchristlichen Antike!«, sondern: »Zurück zum Neuen Testament!«. Was in der mittelalterlichen Kirche nur am Rande geschehen war (etwa bei Franz von Assisi, der das Ideal des besitzlosen Jesus erneuern wollte), wurde jetzt zum theologischen Programm: Luther erhob die Forderung, die Kirche müsse sich von ihren eigenen Voraussetzungen her in Frage stellen und — wo notwendig — auch korrigieren lassen. Er bezweifelte mit *biblischen* Gründen, daß die Kirche mit ihrer äußerlichen Machtentfaltung, der oft ein Abweichen von ihrem inneren Auftrag parallel ging, noch auf dem rechten Wege sei, ob die Praktiken der Buße und des Wallfahrens nichts anderes seien als eine Fortführung von Ansätzen, die sich im Neuen Testament finden. Dieser Vergleich ergab — zumindest für das Urteil der Reformatoren —, daß die Kirche in vielen Dingen weit, weit von ihrem ursprünglichen Auftrag abgekommen war. Die Kirche war damals nicht flexibel genug, eine solche Kritik, die ja von einem ihrer treuen Glieder kam, entsprechend positiv aufzunehmen. Sie reagierte um 1520 noch in den Formen, in denen sie das ganze Mittelalter über reagiert und mit denen sie auch immer Erfolg gehabt hatte. Ehe sie sich der ganzen Tragweite eines solchen Geschehens bewußt werden konnte, war sie auseinandergebrochen. Man mag zu diesem Vorgang stehen, wie man will. Eines wird man nicht übersehen dürfen: spätestens seit 1517 oder 1521 gibt es keine kirchliche Einheitskultur mehr im alten Sinne! Es formierte sich eine neue Kirche, die es bis dahin nicht gegeben hatte, und die nun ihrerseits den Anspruch erhob, im Gegensatz zur alten, etablierten Kirche, die »wahre« Kirche, die Kirche des Evangeliums zu sein. Aus der kirchlichen Einheit war die kirchliche Zweiheit geworden, die sich bald — in Gestalt der Kirchen Calvins, Zwinglis und der Nebenbewegungen der Reformation (Täufer, Spiritualisten etc.) — in eine Vierheit und Vielheit verwandelte. Nach wie vor versuchte jede der beiden großen Kirchen, in ihren Territorien das mittelalterliche Einheitsgefüge zu erhalten. Das gelang in gewissen Gebieten sogar bis ins 20. Jahrhundert hinein. Heute gibt es in Deutschland nirgends mehr Landstriche, Dörfer und Städte, die entweder rein römisch-katholische oder rein evangelische Bevölkerungen aufweisen würden. Spätestens der Flüchtlingsstrom nach 1945 hat diese Epoche für immer beendet.

Schließlich sind in der Neuzeit große geistige Bewegungen entstanden, die den Kirchen das Recht bestritten, ein weltanschauliches Monopol auszuüben und die von sich aus neue Weltanschauungen bereitstellten und propagierten. Ich brauche in diesem Zusammenhang nur an die Aufklärungsphilosophie zu erinnern, die so gut wie alle zentralen Dogmen des Christentums bestritt, oder auf die deutsche Klassik zu verweisen, die etwa in der Gestalt Goethes zwar ständig auf das christliche Erbe zurückgriff, aber im tiefsten Grunde doch mehr der Antike verpflichtet war. Dazu gesellte sich in Gestalt des Marxismus eine ökonomisch orientierte Weltanschauung, die mit ihrem prinzipiellen Materialismus dem Christentum nicht nur auf der ganzen Linie widerspricht, sondern ihm auch — wie keine Bewegung je zuvor — einen bedingungslosen Kampf angesagt hat, wobei sie von der Behauptung ausgeht, die christliche Religion gehöre einer vorwissenschaftlich-abergläubischen Epoche an, während jetzt endgültig die Zeit gekommen sei, die Welt nur und ausschließlich »wissenschaftlich« zu verstehen und alle Religion als ein hinderliches Überbleibsel aus der Ära des Kapitalismus und der Bourgeoisie für immer zu überwinden. Eine ähnliche Funktion, wie sie in den östlichen Ländern der dialektische Materialismus übernommen hat, übt im Westen der sogenannte »Säkularismus« aus. Er erobert — fast unmerklich — Jahrzehnt um Jahrzehnt mehr an Boden, als uns bewußt ist. Anstelle einer — wie auch immer gearteten — religiösen Lebenshaltung propagiert er die rein diesseitige Ausrichtung des Menschen, die sich im wesentlichen in einer Konsumhaltung ausdrückt, für die religiöse Werte etwas absolut Uninteressantes sind, und denen man deswegen mit letzter Gleichgültigkeit gegenübersteht[3].

Die von Jahr zu Jahr in den beiden großen und in vielen kleinen Kirchen weiterhin sinkende Zahl von Gottesdienstbesuchern und die ständig (wenn auch vorerst noch nicht gefährlich) steigende Zahl von Kirchenaustritten zeigen, wohin die Entwicklung in Zukunft gehen wird.

c) *Mögliche und / oder wahrscheinliche Zukunfts-Perspektiven*

Bei abnehmender Bedeutung der christlichen Kirchen und ihres öffentlichen Einflusses werden andere geistige und weltanschauliche Bewegungen bei uns wirksam werden. Fremde Religionen werden eine intensive Missionstätigkeit unter uns ausüben. Die politische Entwicklung dürfte dahin führen, daß die christlichen Kirchen ihre letzten Bindungen zum Staat und die daraus resultierenden Privilegien verlieren und sich ganz auf eigene Füße werden stellen müssen. Sie werden dabei nicht nur nach außen hin vor Aufgaben stehen, denen sie in dieser Form in ihrer langen Geschichte noch nie konfrontiert waren: sie

[2] das ist wenigstens eine vielgehörte »Theorie«. Ob sie sich überhaupt je bewahrheiten wird, bleibt eine offene Frage. Vgl. dazu unsere Ausführungen in »Botschaft und Situation«, S. 137 ff.

werden damit fertig werden müssen, daß es einen innerkirchlichen Pluralismus geben wird, der die Kirchen in sich selbst in mehrere Gruppen oder Fraktionen spaltet. Diese Entwicklung ist heute bereits im Gange. Ein Blick etwa in die deutschen evangelischen Landeskirchen oder in die römisch-katholische Weltkirche zeigt das deutlich. Radikale und modernistische Gruppen versuchen in beiden Kirchen, an die Stelle der alten biblischen Botschaft ein sozialtherapeutisches Programm zu setzen, während die extrem »Konservativen« alles möglichst beim Alten lassen möchten. Ein heftiges Ringen ist innerhalb der Kirchen selber ausgebrochen. Niemand weiß, wie es enden wird. Von »Einheitskultur« ist nirgends mehr etwas zu sehen. Ihr Ende scheint wirklich ein für allemal eine beschlossene Sache zu sein! Was aber soll die Kirche, die nun einmal im Zeitalter des weltanschaulichen Pluralismus zu leben und ihren Auftrag zu erfüllen hat, unter dem geänderten Umständen tun[4]?

Soll sie wehleidig ins Mittelalter zurückblicken, in dem (vermeintlich!) alles noch so wohl geordnet seinen guten Gang ging? Soll sie die Flucht nach vorne antreten und mit den Revolutionären ihre Tradition wegwerfen, um nur noch (oberflächlich verstandenen) Tagesbedürfnissen zu dienen? Man mag zum modernen weltanschaulichen Pluralismus stehen, wie man will — man mag ihn bedauern oder mit Überschwang begrüßen —, *eine* Frage legt er den Kirchen unter allen Umständen unausweichlich aufs Gewissen: nämlich die Frage, wie nach dem Ende der christlichen Einheitskultur *heute* die alte christliche Botschaft von Gott und seinem Heil für den Menschen gesagt und verkündigt werden kann. Wo sich *heute* die Wahrheit der Bibel zeigt und erweist, und vor allem: worin heute diese Wahrheit besteht.

Die Kirchen sind dabei, den Status des »selbstverständlichen Vorhandenseins« und einer diskussionslos vorausgesetzten Bedeutung für das öffentliche und geistige Leben nach und nach zu verlieren. Werden sie trotz dieser Entwicklungen die Kraft besitzen, unter völlig neuen Umständen der Welt jenes *eine* Wort nicht schuldig zu bleiben, um dessen Verkündigung willen sie allein da sind? *Die Frage nach der Wahrheit der christlichen Botschaft ist niemals zuvor in der Geschichte so brennend und mit letzten Ernst gestellt worden wie heute.* Niemand schreibt uns mehr vor, was wir als »Wahrheit« zu verstehen und an-

[4] Die wichtige Frage, wie sich diese Situation auf den »Stil« der theologischen Arbeit auswirken könnte oder müßte, habe ich in »Ursprung und Aufbruch« (S. 171 ff.: »Auf dem Wege zu einer ›Theologie der Synthese‹«) aufzugreifen versucht.

zunehmen haben. Wir müssen die Wahrheit *suchen*, indem wir uns auf den Weg machen und bereit sind, ihr in unserer heutigen Wirklichkeit zu *begegnen*. Dabei stehen wir nicht allein, sondern werden von dem begleitet, der vor 2000 Jahren sagte: »Wer aus der Wahrheit ist, der hört meine Stimme« (Johannes 18,37).

Weiterführende Fragen und Anstöße

> Warum und worin war der Wahrheitsbegriff des kirchlichen Mittelalters weit mehr griechisch-philosophisch als christlich-biblisch?

> Welche positiven Auswirkungen könnte der moderne weltanschauliche Pluralismus für die Kirchen haben (wenn sie seine Herausforderung mutig annähmen!)?

> Wie erklären und beurteilen Sie die Tatsache, daß mitten im Zeitalter des (sich sehr »aufgeklärt« dünkenden) Säkularismus überall in der Welt ständig neue »Religionen«, Kulte, Geheimlehren und -Zirkel etc. entstehen (bzw. wieder neu belebt werden, nachdem man sie für »ausgestorben« hielt), die offensichtlich alle einem starken »religiösen« Bedürfnis heutiger Menschen entsprechen und entgegenkommen?

Weiterführende Literatur

H. P. Müller-Schwefe (Hrsg.), Was ist Wahrheit? Hamburger theologische Ringvorlesung, 1965

E. Brunner, Wahrheit als Begegnung (1938), 2., erweiterte Aufl. 1963 [ein Buch, das auch 35 Jahre nach seinem Erscheinen noch höchst aktuell ist!]

Verzeichnis der fremdsprachlichen Wörter und Begriffe

ab ovo (vom Ei [an]) von Anfang an, von vornherein
abusus Mißbrauch, falscher Gebrauch
activitas Wirksamkeit, Tätigkeits(drang), Aktivität
altprotestantische Orthodoxie nachreformatorische Bewegung evangelischer Theologie (ca. 1580—1650), die teilweise in die Bahnen des mittelalterlichen Scholastizismus zurücklenkte
Analyse (Auflösung) Zergliederung, Untersuchung
animistisch religiöse Haltung, die stark durch (oft primitiven) Geister-Glauben bestimmt ist
antithetisch gegensätzlich
apodiktisch unwiderlegbar; keinen Widerspruch duldend
applizieren anwenden
Äquivalent gleicher Wert, Gegenwert; Entsprechendes
Arkan-Disziplin (Geheimlehre) strenge Geheimhaltung von Lehren und Kultpraktiken einer Religionsgemeinschaft; strenge (religiöse) Zucht
artikuliert (deutlich) aus- oder angesprochen
Autonomie (Selbstgesetzlichkeit) ohne Bindung an ein fremdes Gesetz (vgl. »Theonomie«)
Bourgeoisie Bürgertum (oft abschätzig: verbürgerlichte, dekadente Volksschicht)
Chauvinismus (maßlos) übersteigerter Nationalismus
communio gemeinsame Anteilhabe; Gemeinschaft
contemplatio Betrachtung, Beschauung; Sichversenken
contradictio in adiecto (»Widerspruch im Beiwort«) widersprüchliche Formulierung (z. B. »hölzernes Eisen«)
cruxifixus der Gekreuzigte
Denomination (Benennung) Religionsgemeinschaft
Deus absconditus der verborgene (sich nicht offenbarende) Gott
deuteronomistisch gemäß der Theologie des Deuteronomiums (= 5. Buch Mose) bzw. des/der Deuternonomisten (einer Theologie, die — im wesentlichen — das 5. Buch Mose bestimmt und die die alttestamentlichen Geschichtsbücher in ihrem Sinne überarbeitet hat)
dezidiert entschieden, (ganz) bestimmt
diskreditieren in Verruf bringen, verächtlich machen
ecclesia triumphans (»triumphierende Kirche«) Kirche, die auf äußeren Glanz und weltliche Machtausübung bedacht ist (Gegensatz: »ecclesia militans« = die kämpfende und leidende Kirche)
ekklesiologisch auf die Kirche (ecclesia) bezüglich
Elaborat Ausarbeitung
eliminatorisch (hier: religiöse Riten, die) etwas abtun, beseitigen, entfernen, abwaschen
emanzipiert frei, unabhängig, ungebunden (vor allem: von früheren Bindungen befreit)
Eschatologie Lehre von den »letzten Dingen« (wie Weltende, Weltgericht, neue Welt)

esoterisch nur für Eingeweihte (Bevorzugte, Fachleute) bestimmt oder zugänglich
Ethizismus, ethizistisch Denksystem oder Weltanschauung (Religion), das/die einseitig die Ethik bzw. das menschliche Tun betont
Exegese Auslegung von (Bibel-)Texten
ex-opere-operato (»kraft des gewirkten Werkes«) eine Auffassung, die nur daran interessiert ist, **daß** etwas (vor allem eine religiöse Handlung) geschieht und die nicht danach fragt, ob der Vollbringer der Tat auch ein positives Verhältnis zu ihr hat und sie aus echter Überzeugung heraus tut
explizieren (ausführlich) erklären, darstellen
fetischistisch im Sinne des Glaubens an einen »Fetisch« (= ein mit magischer Kraft ausgestatteter, meist primitiver Gegenstand)
Frustration Erlebnis der Enttäuschung und Vergeblichkeit (von Bemühungen und Anstrengungen)
Fundamentaltermini Grund(lagen)-Begriffe
Futurologie Wissenschaft (oder sonstige Bemühung), die sich mit den Problemen der **Zukunft** befaßt
Gnosis spätantike Weltanschauung, die die Erlösung der in der Materie gefangenen »reinen Seele« von einer philosophischen Schau (»gnosis«) erwartete
gratia Gnade
heterogen ungleichartig, von anderer Art
hermeneutische Theologie Theologie, die vor allem an der »Hermeneutik« (Verstehens- und Übersetzungslehre, d.h. an den Fragen der Schriftauslegung und der theologischen Sprach-Lehre) interessiert ist
hic et nunc hier und jetzt
Humanismus geistig-kulturelle Bewegung des 13.—16. Jahrhunderts, die das Bildungs- und Menschenideal der griechisch-römischen Antike zu erneuern versuchte
hypostasieren verdinglichen, vergegenständlichen (bisweilen: einen bloßen Gedanken zu einem »Gegenstand« [einer Realität] machen wollen)
Hypothese (noch nicht gesicherte oder bewiesene) wissenschaftliche Annahme (Vermutung)
illegitim ungesetzlich
Imitations-Christologie eine Christologie (Lehre über Jesus Christus), die größten (einseitigen oder gar alleinigen) Wert auf die ethisch-moralisch verstandene »Nachahmung« Christi legt
implizieren, implizit einbeziehen, einbegriffen sein
indifferent(istisch) gleichgültig, (gänzlich) uninteressiert
indizieren auf den »Index« (der von der römisch-katholischen Kirche verbotenen Bücher) setzen
inhärieren an etwas hängen, einer Sache anhaften
Intellektualismus Anschauung, die einseitig das menschliche Erkenntnisvermögen betont
Interkommunion Abendmahlsgemeinschaft zwischen Christen, die verschiedenen Bekenntnissen oder Kirchen angehören
interpretatio ad optimam partem eine Deutung, die das Bestmögliche über eine Person oder einen Sachverhalt aussagt
ipso facto die Folgen einer Sache treten von selber ein
irrelevant belanglos, unerheblich

iustificatio impii Gerechtmachung des Gottlosen
Kerygmatismus eine Theologie, die ganz einseitig das »Kerygma« (die Botschaft der Bibel) betont (und dadurch leicht in Gefahr kommen kann, den Kontakt zur Wirklichkeit dieser Welt verlieren)
Kommunikation Mitteilung, Verbindung, Teilhabe (auf Kontakt und Austausch bedachte Haltung)
komplementär sich (gegenseitig) ergänzend (zwei notwendige Seiten ein- und derselben Sache)
Kondeszendenz Herablassung (reales Eingehen) in eine Wirklichkeit
konform gleichförmig, übereinstimmend
Konkordienbuch Sammlung der Bekenntnisschriften der lutherischen Kirche(n) (1580)
Konsens(us) Zustimmung, Übereinstimmung
Kontext der Text- oder Sinn-Zusammenhang, in dem etwas steht oder gemeint ist
kontingent (hier) Ereignis oder Geschehen, das sich historisch-einmalig ereignet(e) (also nicht beliebig oder gar nicht wiederholbar ist)
kontradiktorisch widersprechend
kontrovers streitig, bestritten
korrespondieren entsprechen, übereinstimmen
Kritizismus Anschauung, die (evtl. ganz) einseitig das kritische Denken (und Beurteilen) betont und übt
Kyrios »Herr« (urchristliche Bezeichnung für Jesus Christus)
Logos »Wort« (kaum übersetzbarer Zentralbegriff der klassischen griechischen Philosophie; in Johannes 1 als Bezeichnung für Jesus Christus verwendet)
manducatio impiorum »Essen der Ungläubigen« (Auffassung, nach welcher beim Heiligen Abendmahl auch die Nichtglaubenden Leib und Blut Christi real empfangen und genießen)
modifizieren abändern, abwandeln
Monismus Denk- oder Lebens-System, in dem es nur **ein** Prinzip gibt (z.B. nur den Geist, nur die Materie etc.)
natura Natur
Nonkonformismus Nichtübereinstimmung (vor allem von religiösen Gruppen gegenüber der herrschenden oder privilegierten Kirche)
oikonomia »Haushalt(ung)« (=göttlicher Heilsplan)
Ontologie (der Hölle) genaue, in Einzelheiten gehende Beschreibung und Schilderung (der Hölle)
paradigmatisch beispielhaft, am Beispiel verdeutlicht
partizipieren an etwas teilhaben
per definitionem (»durch den Begriff«) aus dem Begriff ersichtlich, mit ihm eindeutig gegeben
Perikope (Text-) Abschnitt (Bibeltext, der im Gottesdienst verlesen oder der Predigt zugrundegelegt wird)
perspektivisch aus einem bestimmten (und damit immer auch begrenzten und einseitigen) Blickwinkel gesehen
Phänomen Erscheinung, Sachverhalt
phänomenologisch auf die Beobachtung, Erfassung oder Deutung der Phänomene bezogen
Philologie Wortkunde; Sprachwissenschaft

Pneumatikertum »Geistmenschentum« (oft negativ verwendet für Menschen, die stolz darauf sind, daß sie den »Geist besitzen«)
Polarisierung Gegensätzlichkeit ([ständig zunehmendes] Auseinandertreten der Meinungen und Urteile)
Prämisse eine (oft stillschweigend gemachte oder mitgebrachte) Voraussetzung
puristisch auf möglichst große »Reinheit« bedacht bzw. versessen
Quietismus passive (tatenlose, auf Ruhe und innere Versenkung, meist auch Weltabwendung bedachte) Geistes- oder Frömmigkeits-Haltung
Rationalismus Anschauung, die einseitig die menschliche Vernunft (ratio) und ihre Fähigkeiten betont
reflektiert (bewußt und klar) durchdacht
Relevanz Wichtigkeit, Bedeutsamkeit
religionsgeschichtliche Schule Forschungseinrichtung in der Theologie (vornehmlich in der Exegese), die seit etwa 1880 das Alte und das Neue Testament mit außerbiblischen Religionen bzw. deren Urkunden verglich und dabei mancherlei Beeinflussungen der biblischen Schriften von seiten dieser Religionen entdeckte
Religionswissenschaftler ein Wissenschaftler, der sich (soweit dies überhaupt denkbar ist!) möglichst »objektiv und nur wissenschaftlich« mit den verschiedenen Religionen der Erde beschäftigt
Renaissance »Wiedergeburt« (Wiederaufleben des antik-heidnischen Menschen- und Kunst-Ideals im 14.—16. Jahrhundert)
rezipieren übernehmen, auf- oder annehmen
säkularistisch (kritiklos) dem »Säkularismus« (der neuzeitlichen Verweltlichungs- und Entkirchlichungs-Tendenz) ergeben
Scholastizismus Geistes- oder Frömmigkeitshaltung, die besonderen (oder alleinigen) Wert auf die schulmäßige (philosophische oder theologische) Durchdringung und ausgefeilt lehr- und formelhafte Darstellung des christlichen Glaubens legt
semasiologisch die Bedeutung von Wörtern (Begriffen) betreffend
simul zugleich (zusammen, miteinander)
sola scriptura »allein die Heilige Schrift (gilt)«
sondieren (vorsichtig) erkunden, erforschen
soter tou kosmou »Heiland der Welt« (Bezeichnung Jesu im Neuen Testament, vor allem in Lukas 1—3)
subsumieren (einer anderen Größe) ein- oder unterordnen
suggerieren jemandem etwas (mit Bedacht oder gar List) einreden wollen
tabu verboten, unantastbar; etwas, worüber man nicht reden, womit man sich nicht beschäftigen darf
tangential von der Beschaffenheit einer Tangente (einer Geraden, die den Kreis nur an **einer** Stelle berührt)
telos, teleologisch Ziel, auf ein Ziel (einen letzten Sinn) hin bezogen
Terminus Fachausdruck, Begriff
theologia crucis »Theologie des Kreuzes« (eine Theologie, die Gott in seinem Leiden, im Sterben Jesu am Kreuz sucht und findet)
theologia gloriae »Theologie des Ruhms« (eine Theologie, die Gottes Ruhm vor allem in augenfälligen äußeren Gegebenheiten sucht — sei es in einer glanz- und machtvollen Kirche oder in einem grandiosen theologischen Lehrsystem etc.)

Theolog(o)umenon theologischer (Lehr-)Satz
Theonomie, theonom (unter) Gottes Gesetz (stehend) (vgl. »Autonomie«)
tradieren überliefern, weitergeben
transponieren überführen (z.B.: auf eine andere Ebene)
Tridentinum das (im Anschluß an die Reformation) von 1545—1563 abgehaltene römisch-katholische Reformkonzil von Trient
Ufologie (Kunstwort aus den Anfangsbuchstaben der englisch-amerikanischen Bezeichnung für »nichtidentifizierte Flugkörper«: »Unidentified flying objects«) pseudo-wissenschaftliche Spekulation über die angebliche Existenz außerirdischer Flugkörper und ihre Bedeutung für das Schicksal der Menschen und der Erde
unio Einheit, (Ver-)Einigung
unreflektiert nicht überlegt oder durchdacht
usus (rechter, sachgemäßer) Gebrauch
Vehemenz Heftigkeit
verbum alienum »anderes, fremdes Wort« (dieser Begriff kann zwei verschiedene Bedeutungen haben. M. Luther verwendete ihn im Sinne von: »ein Wort, durch das Gott uns das Gericht ansagen läßt, obwohl er uns eigentlich gnädig sein möchte«. Wir verwenden den Begriff hier im wörtlichen Sinne: »ein fremdes« Wort«, d.h. ein Wort, das wir uns nicht selber sagen können, das nicht aus unseren »Tiefen« kommt, sondern von Gott her an uns ergehen muß)
verbum proprium »eigenes, eigentliches Wort« (in der doppelten Bedeutung: a) das Wort, das Gott uns eigentlich sagen will [das »Evangelium«] und b) das Wort, das wir selber »haben«, das aus unserem Eigenen kommt, das uns nicht von »außen her« gesagt wird)
Verdikt (Urteil) Ablehnung, Verwerfung
virulent (krankheitserregend, ansteckend; heute im abgeblaßten Sinne auch) zur Debatte stehen, in der Luft liegen, aktuell sein
Yoga (auch Joga) aus der indischen Philosophie stammende Weltanschauung, die dem Menschen (Selbst-)Erlösung durch völlige Beherrschung des Körpers und Geistes verspricht (Yoga-Übungen)
zentrifugal vom Mittelpunkt wegführend

Verwendete Abkürzungen

a.a.O.	am (bereits früher einmal) angeführten Ort (Hinweis auf ein Buch, aus dem vorher schon einmal zitiert wurde)
o.J.	ohne Jahreszahl (bei Büchern, in denen das Jahr ihres Erscheinens nicht angegeben ist)
passim	da und dort zerstreut (in Büchern: der betreffende Gedanke findet sich an mehreren Stellen des erwähnten Buches)
RGG^3	Die Religion in Geschichte und Gegenwart. 3. Aufl. 1957 ff. 6 Bände (großes theologisches Nachschlagewerk)
sc.	scilicet (= nämlich; d.h.)
s.o.	siehe oben (=weiter vorne im Buch)
Sp.	Spalte (anstelle von Seitenangaben bei Büchern, die pro Seite zwei oder mehrere Spalten enthalten)
u.ö.	und öfter (bei Büchern, bei denen nur das Jahr ihres erstmaligen Erscheinens angegeben ist)
vgl.	vergleiche
WA	Weimarer Ausgabe (der Werke Martin Luthers) (größte wissenschaftliche Ausgabe von Martin Luthers sämtlichen Schriften). Weimar 1883 ff.

Hinweise

I,1	Miteinander fragen, hören und reden! (Vortrag bei einem Gemeinde-Kirchentag)
I,2	Wissenschaftliche Theologie oder Gemeindefrömmigkeit? Wider eine falsche Alternative (Vortrag vor badischen Pfarrern)
I,3	Warum und wozu »Streit um die Bibel«? (Vortrag für eine Kirchengemeinde in einer Industrie-Großstadt)
II,1	Das »Rätsel« des Jesus von Nazareth (wie I,3)
II,2	Der Glaube im Spannungsfeld des Zweifels (Vortrag im Rahmen der kirchlichen Erwachsenenbildung)
II,3	Die Predigt von Gericht und Gnade — ein endgültig »überholtes« Thema? (Vortrag auf einer Pfarrer-Tagung)
III,1	Was ist »Mystik«? Hat sie noch Zukunftschancen? (zuerst veröffentlicht in: Neue Zeitschrift für systematische Theologie und Religionsphilosophie 13, 1971, S. 88—98)
III,2	Sakrament und Sakramentales in den Weltreligionen und im christlichen Glauben (Einleitungs-Referat zu einem Seminar über die Frage der Sakramente)
III,3	»Straft« Gott seine »Feinde« in alle Ewigkeit? (stark erweiterte Fassung eines Vortrages in der Evangelischen Akademie Loccum)
IV,1	Was war und wollte die »Aufklärung« des 18. Jahrhunderts? (Vortrag in einer ländlich-konservativen Kirchengemeinde)
IV,2	Christlicher Glaube in einer sich wandelnden Welt (Vortrag für das Bildungswerk einer städtischen Kirchengemeinde)
IV,3	Von der mittelalterlich-kirchlichen Einheitskultur zum modernen weltanschaulichen Pluralismus (wie IV,2)

GOTTHOLD MÜLLER

Ursprung und Aufbruch

Theologische Informationen für
die Gemeinde

204 Seiten, Paperback 16,– DM, 1971

Kirche, Theologie und Glaube kommen von einem »Ursprung« her, den sie nicht verleugnen können und auf den sie sich in jeder Generation neu besinnen müssen, wenn sie um ihres Auftrages willen einen neuen »Aufbruch« wagen wollen.
Der vorliegende Band macht den anspruchslosen Versuch, einige der heute in unseren Gemeinden am meisten diskutierten Fragen vor dem Leser auszubreiten, ihm Anregungen für eigenes Nachdenken und Hilfen für eigene Entscheidungen zu geben. Die den einzelnen Kapiteln beigefügten »didaktischen Fragen« sollen dazu beitragen, wichtige Fragen mit eigenen Augen sehen zu lernen und sich in eigener Verantwortung mit ihnen auseinanderzusetzen. Diesem Zweck dienen auch die bewußt sehr knapp gehaltenen Literaturangaben, sowie ein »Verzeichnis der fremdsprachlichen Wörter und Begriffe«, die es Interessierten ermöglichen sollen, ein bestimmtes Thema intensiver und umfassender aufzugreifen und zu verfolgen, als es im Rahmen dieses Buches geschehen kann.
Das Werk ist für »die Gemeinde« bestimmt, d. h. für theologisch nicht geschulte Zeitgenossen, die sich (aus welchen Gründen auch immer) für theologische Fragen interessieren und sich näher über sie informieren möchten. »Ursprung und Aufbruch« sollte vor allem in die Hände kirchlicher Mitarbeiter (Presbyter, Diakone, Religionslehrer usw.) gelangen. Es eignet sich zur gemeinsamen Besprechung in Jugend-, Männer- und Frauenkreisen, im Religionsunterricht der Gymnasien, in Berufs- und Fachschulen. Auch im weiten Bereich spezieller Seelsorge kann es zur Anregung für weiterführende Gespräche werden. Nicht zuletzt läßt es sich bei vielen Gelegenheiten als ein Geschenk für Menschen verwenden, die — mit oder ohne Bindung an die Kirche — den Fragen der Theologie und des Glaubens gegenüber aufgeschlossen sind.

CALWER VERLAG STUTTGART